52 Weine möchten wir Ihnen auf den nächsten Seiten näher bringen. Sie erfahren viel über sie, richtig kennenlernen können Sie sie aber nur, wenn Sie sich einen Schluck einschenken und probieren: Learning by tasting. Ob Sie dabei unserem System folgen und kleine 4er Weinproben für sich und Ihre Freunde organisieren oder sich ganz einfach einzelne Weine herauspicken, bleibt ganz Ihnen überlassen. Hauptsache Sie haben Spaß dabei!

leichte fruchtige rotweine S. 80

Bandol Rosé
Beaujolais-Villages
Lemberger
Valpolicella Classico Superiore

mittelschwere rotweine S. 86

Spätburgunder
Haut Médoc Cru Bourgeois
Pinotage
St. Laurent

vier rotweinstile S. 74

leicht und fruchtig
Bardolino Classico Superiore

klassische Mitte
Vino Nobile di Montepulciano

weich und üppig
Australischer Shiraz

reif und gehaltvoll
St-Emilion Grand Cru

weiche üppige rotweine S. 92

Châteauneuf-du-Pape
Aglianico del Vulture
Zinfandel
Malbec

reife schwere rotweine S. 94

Nuit-St-Georges
Rioja Reserva
Barolo
Brunello di Montalcino

vier aperitif- und dessertweinstile S. 110

Sherry Fino
Moscato Passito di Pantelleria
Ruster Ausbruch
Late Bottled Vintage Port

BEAT KOELLIKER

die neue hallwag
weinschule

Für die vielen freundlichen Menschen, die in den letzten Jahren mit mir angestoßen haben.

Auf dem Cover dieses Buches liest man zwar nur meinen Namen, dahinter steht aber ein ganzes Team, das mitgeplant, mitverkostet und mitdiskutiert hat, das aber auch fähig war mit zu lachen und zu genießen. In diesem Sinne: danke Dorothee, danke Cornelia und natürlich, danke Marc.

Beat Kullirt

BEAT KOELLIKER

die neue hallwag
weinschule

Mit 13 Weinproben zum Weinkenner

das wichtigste
rund ums verkosten

die 13 weinproben

weinwissen

das wichtigste zuvor

Mit diesem Buch wollen wir nicht nur Wissen vermitteln, sondern Erfahrung ermöglichen. Denn man kann hundert Weinbücher lesen, alles über Wein wissen und doch nichts verstanden haben, ohne die lebendige Begegnung mit dem Wein bleibt alles graue Theorie. Unser Ziel ist deshalb der Wein selbst. Er allein kann uns die Erfahrung schenken, die wir suchen und die das Wissen erst lebendig macht.

Die Freude der Sinne

Warum kann uns ein Glas Wein fast magisch in den Bann ziehen, uns glücklich machen, nachdenklich, gesellig oder kreativ stimmen? Der Wein spricht alle unsere Sinne an, nicht nur den Geruchs- und Geschmackssinn, sondern auch die Augen, den Tastsinn im Mund und selbst das Gehör.

Tatsächlich, wir können den Wein hören. Das erste, was wir von ihm erfahren, sind Geräusche: Das leise Plopp des Korkens, das etwas lautere Zischen des Sektpfropfens, das Rinnen oder Blubbern beim Füllen der Gläser und das helle oder dunkle Klingen beim Anstoßen.

Wir können ihn sehen: Er leuchtet im Glas, und die Augen trinken mit. Sie wecken unsere Erwartungen, bevor alle anderen Sinne eingeschaltet werden: Ein Wein funkelt oder glüht, er strahlt frische zitronengelbe Signale aus, oder er verspricht Wärme und weiche Fülle.

Und natürlich können wir ihn riechen: Die ganze Welt ist voller Düfte. Sie erfüllen die Luft, die uns umgibt. Mit jedem Atemzug schenken sie uns Gefühle und Informationen, Versprechungen und Warnungen, Verlockungen und Verwirrungen. Der Duft ist die Seele des Weins, in ihm drückt er sich aus und sagt uns fast alles über sein Wesen, seinen Charakter und seine Persönlichkeit, diese Sprache müssen wir lernen.

Was für die Nase gilt, gilt in gleicher Weise auch für den Gaumen. Doch damit sind wir dem Wein schon wesentlich näher gerückt. Wir haben ihn physisch in uns aufgenommen und nehmen ihn jetzt wahr mit dem Geschmackssinn in seinen vier Dimensionen: süß, sauer, salzig, bitter.

Ein Wein duftet nicht nur und schmeckt, wir können ihn auch fühlen. Er ist kühl und frisch fließend wie Quellwasser oder warm und weich wie Sahne. Er hat

Leichtigkeit oder Gewicht, Eleganz oder Kraft, er füllt den Mund oder schwebt und tanzt über die Zunge. All das nehmen wir als Tastempfindungen wahr.

Wer Wein genießen will, sollte also seine Sinne aus dem Dornröschenschlaf wecken. Sie werden nicht nur beim Wein davon profitieren. Lassen Sie sich auf das Abenteuer ein, Ihre Sinne bewusst zu trainieren, wieder hören, fühlen, sehen, riechen und schmecken zu lernen. Sie erschließen sich eine ganze Welt. Wein ist nur ein Teil davon.

Die Freude der Geselligkeit

Eine gute Flasche Wein kann uns immer glücklich machen, selbst wenn wir sie allein genießen. Noch schöner wird der Genuss aber zusammen mit Freunden. Der Wein öffnet die Sinne und den Geist und belebt die Tafelrunde. Ob wir den Wein nur probieren wollen oder ihn zu einem guten Essen genießen, ob er unser Gespräch mit Freunden begleitet oder einen festlichen Anlass krönt, Wein findet seine wahre Bestimmung in der Geselligkeit und Freundschaft.

Er kann sogar Thema sein und Inspirationsquelle für das Gespräch. Tauschen Sie sich über ihn aus, sprechen Sie über Ihre Eindrücke und bereichern Sie auf diese Weise sich und Ihre Freunde mit neuen Erfahrungen. Das vertieft auch Ihr eigenes Erleben.

Die Freude der Erfahrung

Wein wird er von Menschen gemacht, den Weinbauern und Kellermeistern. Sie begleiten ihn von den ersten Knospen der Reben, die im Frühjahr treiben, bis zur Auslieferung der Flaschen. Suchen Sie den Kontakt zu diesen Fachleuten. Was in keinem Buch eingefangen werden kann, ist die Magie des Ortes und

die Liebe und Hingabe der Winzer zu ihrem Produkt. Nicht selten werden Sie dann plötzlich verstehen, weshalb ein Wein so ist, ja genau so sein muss, wie er ist.

Und: Nutzen Sie jede Gelegenheit, neue Weine kennenzulernen, alte Bekannte neu zu entdecken und Ihren Erfahrungsschatz zu erweitern. Bleiben Sie dabei offen und unbefangen. Verlieren Sie nicht ihren besten Führer, die Neugierde. Viele Menschen urteilen ziemlich rasch nach dem Schmeckt-mir-schmeckt-mir-nicht-Schema. Das kann zur Falle werden. Geben Sie einem Wein ruhig eine zweite oder sogar dritte Chance. Ein neuer Duft, ein neuer Geschmack bleiben bei der ersten Begegnung oft fremd und unverständlich und müssen erst erschlossen und ergründet werden. Dabei kann sich schließlich Verständnis und Freude entwickeln. Probieren Sie es aus!

rund ums
verkosten

Für professionelle Verkoster mag auch die schönste Weindegustation Arbeit sein. Uns aber soll sie vor allem Freude bereiten: unsere Sinne ansprechen und auch den Geist, der analysiert und vergleicht. Bleiben Sie bei all Ihren Bemühungen aber locker, wir sind keine Profis und müssen es auch nicht werden.

Zu jedem Vergnügen gehört die Vorfreude. Bei der Verkostung beginnt sie bei der Planung, sie führt uns zum Weinhändler oder Winzer, wächst beim Betrachten und Lesen des Etiketts, beim Prüfen der Gläser und findet ihren ersten Höhepunkt, wenn der Korken gezogen wird und der Wein ins Glas fließt.

Dann leuchtet der Wein im Glas und beginnt von sich zu erzählen. Seine Sprache besteht aus Farbe, Duft und Geschmack. Durch sie können wir seine Botschaften entschlüsseln. Aber keine Angst, niemand wird abgefragt. Auch hier gilt der Grundsatz: Learning by tasting.

einkauf und lagerung

Die entscheidenden Fragen lauten: Bei wem, wann, was und wie viel kaufen?
Und wie gehe ich zu Hause mit dem Wein um?

Einkauf

Wir kennen es alle: Auf dem Heimweg von der Arbeit fahren wir noch schnell beim Italiener oder im Supermarkt vorbei und kaufen ein: etwas zu essen und vielleicht eine Flasche Wein dazu. Doch halt: Auch wenn die meisten Weine heute recht stabil sind, eine kurze

Verschnaufpause von ein paar Tagen nach dem Transport müssen wir ihnen gönnen. Haben sie eine längere Reise hinter sich, müssen es sogar ein paar Wochen sein. Aus diesem Grund sollten Sie sich einen kleinen Vorrat anlegen und den Einkauf gut planen.

Wo kaufen?

Beim Händler Das Weinangebot ist verwirrend vielfältig. Vor allem wer noch nicht so viel Erfahrung mit Wein hat, braucht also Orientierungshilfe und Beratung. Der Fachhandel bietet Ihnen beides. Auch einige Warenhäuser mit einer größeren Weinabteilung verfügen über geschultes Personal. Nehmen Sie diese Dienstleistung in Anspruch. Bei jedem Gespräch erfahren Sie etwas mehr über Wein. Aber: lassen Sie sich zu nichts überreden. Sie entscheiden, was Sie kaufen wollen.
Auch dieses Buch hilft Ihnen bei der Auswahl. Bei jedem Wein geben wir Ihnen Anhaltspunkte und Tipps, wo Sie ihn bekommen.

Beim Winzer Besonders viel über einen Wein erfährt man zweifellos direkt beim Winzer. Drei Regeln sollten Sie allerdings beachten:
Überfallen Sie ihn nicht, sondern melden Sie sich an. Bleiben Sie sich selbst treu. Sie sind vielleicht noch kein Profi, aber ein interessierter Weinliebhaber, der lernen will. Ein ehrliches Gespräch bringt Sie weiter und dem Winzer näher als Besserwisserei.
Uns erscheint es als unhöflich, einen Winzer zu verlassen, ohne ihm ein paar Flaschen abgekauft zu haben. Vielleicht geht es Ihnen ebenso?

Wie viel kaufen?

Das hängt natürlich vom Platz ab, den Sie zur Verfügung haben. Aber kaufen Sie nicht zu viel, denn Sie werden immer wieder neue Weine entdecken. Außerdem spielt natürlich die Lagerfähigkeit der Weine eine Rolle (siehe rechts). Beim Probieren selbst finden Sie schließlich Ihre Vorlieben heraus und können sich einen kleinen Vorrat zusammenstellen. Auf diese Weise wächst mit Ihren individuellen Erfahrungen auch Ihr persönlicher Weinkeller.

Lagerung

Nach dem Grundsatz »Platz ist in der kleinsten Hütte« finden Sie bestimmt eine Möglichkeit, Ihre Schätze zu lagern. Ihr »Weinkeller« kann auch in der Wohnung oder unter der Treppe liegen. Was sollten Sie dabei beachten?

Temperatur Wein ist nicht besonders empfindlich. Zwischen 8 und 18 °C ist ihm alles recht. Nur größere Temperaturschwankungen mag er nicht. Ideal ist eine konstante Kellertemperatur von 10–12 °C, sie hat den erfreulichen Nebeneffekt, dass wir viele Weißweine direkt aus dem Keller servieren können.

Erschütterungen Vibrationen aller Art können dem Wein schaden. Die Nähe zu stark befahrenen Straßen und elektrischen Geräten, ja sogar langes Lagern im Kühlschrank bekommt ihm deshalb nicht.

Licht Es schadet dem Wein. Besonders gefährdet ist er in hellen und durchsichtigen Flaschen. Lassen Sie ihn also besser in der Holzkiste oder im Verkaufskarton, wenn Sie keinen dunklen Lagerraum haben.

Feuchtigkeit Der Korken muss feucht bleiben, sonst trocknet er aus und ist nicht mehr dicht. Der Lagerraum sollte deshalb nicht zu trocken, im Zweifelsfall sogar eher etwas zu feucht sein. Die Flaschen müssen liegend gelagert werden, damit der Korken auch von innen befeuchtet wird. Für das Etikett ist Feuchtigkeit allerdings weniger gut. Wenn Sie verhindern wollen, dass es Schimmel ansetzt, besprühen Sie es mit Haarspray (unparfümiert). Fixationssprays aus dem Künstlerbedarf eignen sich ebenfalls.

Fremdgerüche Ihr Lagerraum sollte gut belüftet sein, das begünstigt ein gesundes und geruchsneutrales Kellerklima. Lagern Sie Ihre Weine auch nicht neben dem Reservekanister mit Dieselöl, dem Sack Gartendünger oder den eingekellerten Zwiebeln. Über den minimalen Luftaustausch gelangen die Gerüche unweigerlich ins Innere der Flaschen.

Wann ist ein Wein genussreif? Und wie lange kann und soll man ihn lagern? Das sind sehr schwierige Fragen. Sie finden deshalb bei jedem Wein in diesem Buch die Angaben für Lagerfähigkeit und Genussreife. Die konkreten Werte eines individuellen Weins können davon aber erheblich abweichen. Um ganz sicherzugehen, fragen Sie den Händler oder Winzer, die kennen ihre Weine am besten. Grundsätzlich gilt: Weißweine sind in der Regel nur dann wirklich lagerfähig, wenn sie wie der Riesling genügend Säure mitbringen oder ausreichend Süße wie ein Sauternes. Die meisten anderen Weißweine sollte man eher jung, also bald nach der Abfüllung genießen. Rotweine brauchen Tannin, Alkohol und Säure, um mit Gewinn altern zu können, dann aber oft auch über zehn, 20 und mehr Jahre. Leichte, tanninarme Weine sind dagegen jung am besten.

WIE ERKENNT MAN EINEN GUTEN WEINHÄNDLER?

Er gibt kompetent und bereitwillig Auskunft über die Weine, die er verkauft. Er erkundigt sich, zu welcher Gelegenheit Sie den Wein trinken und wie viel Sie dafür ausgeben möchten. Meist ist er auf bestimmte Regionen spezialisiert.
Er lagert seine Weine korrekt: liegend und nicht dem (Sonnen-, Neon-)Licht ausgesetzt.

die weintemperatur

Der Weg von der Rebe bis zum Wein ist lang. Die letzten Schritte sind genauso wichtig wie alle anderen in Weinberg und Keller. Mit einem Unterschied: Vorher haben andere die Verantwortung getragen, nun sind wir an der Reihe.

Jedem Wein seine Temperatur

Es gibt nicht nur zwei Temperaturen – kalt (Weißwein aus dem Kühlschrank) und warm (Rotwein mit Zimmertemperatur) –, sondern eine ganze Skala, die von 6–18 °C reicht. Natürlich ist es richtig: Ein leichter Weißwein erfrischt uns mit seiner Frucht bei 6–8 °C am schönsten, während sich die reichen Aromen eines schweren Rotweins erst bei 16–18 °C richtig entfalten. Aber so wie es die unterschiedlichsten Weißwein- und Rotweinstile gibt, so verschieden sind auch die Temperaturen, bei der jeder von ihnen sich optimal präsentiert.

Viele Weinliebhaber neigen zudem zur Übertreibung: Weißweine werden zu kalt serviert, ihr Duft kann sich dann nicht entfalten, sie bleiben stumm und verschlossen. Rotweinen blüht häufig das Umgekehrte: Zu warm ausgeschenkt, verlieren sie ihre Frische, wirken schwerfällig, alkoholisch und tanninbitter. Orientieren Sie sich an der nebenstehenden Tabelle. Mit zunehmender Erfahrung werden Sie ein gutes Gespür für die richtige Temperatur entwickeln.

Serviertemperatur und Trinktemperatur

Unsere Räume sind meist auf Temperaturen zwischen 20–22 °C geheizt, sind viele Leute beisammen, können es schnell 25 °C werden. Genauso warm sind dann auch die Gläser. Schenken Sie nun einen perfekt auf 8–10 °C gekühlten Wein ein, erwärmt er sich durch das Glas sofort um 1–2 °C oder mehr. Die Serviertemperatur muss also immer um diese Spanne tiefer liegen. Die nebenstehende Tabelle gibt die Trinktemperatur an. Die Serviertemperatur eines schweren Rotweins sollte also bei etwa 14–16 °C liegen – deutlich niedriger als Raumtemperatur!

Temperatur prüfen

Um ihm eine gute Ausgangstemperatur zu geben, kommt Weißwein zwei bis drei Stunden vor dem Genuss in den Kühlschrank. Beim Rotwein ist es etwas komplizierter: Wer einen kühlen, also ungeheizten Keller hat, holt den Wein etwa zwei Stunden vor dem Trinken nach oben – am besten in einen kühlen Raum, etwa das Schlafzimmer. Moderne temperierte Keller hingegen liegen in etwa in dem Bereich, den man früher als Zimmertemperatur bezeichnet hat. Weine aus diesen Kellern können direkt serviert werden.

Dann erst geht es an die Feinarbeit: Bis man sich selbst etwas mehr Sicherheit im Umgang mit den Temperaturen erworben hat, können Thermometer eine nützliche Hilfe sein. Es gibt zwei Systeme: Entweder man misst die Temperatur von außen mit einer Manschette. So kann die Flasche verschlossen bleiben, man misst aber nicht exakt im Wein selbst. Bei der anderen Methode hängt das Thermometer direkt im Wein. Man erfährt die exakte Temperatur, muss die Flasche aber vorher öffnen.

Wein rasch kühlen

Im Eiskübel kann man einen Wein (selbst einen zu warmen Rotwein) in relativ kurzer Zeit deutlich herunterkühlen (pro Minute um 0,5–1°C). Wichtig: Die Flasche sollte bis zum Hals im Eis stehen. Und das Eis muss in Wasser schwimmen, denn dieses erst leitet die Kälte zur Flasche.

Kühlmanschetten sind praktisch, weil sie nicht tropfen, meist aber ein ästhetischer Graus.

Thermosbehälter funktionieren wie Thermosflaschen mit einem Vakuum zwischen den Wänden. Sie kühlen nicht, halten aber die Temperatur über längere Zeit konstant.

16–18 °C

Weiche üppige Rotweine
Reife schwere Rotweine

14–16 °C

Mittelschwere Rotweine   *Mit Alkohol verstärkte*
Süßweine (Portwein)

12–14 °C

Leichte fruchtige Rotweine

10–12 °C

Schwere Weißweine   Rosé

Weine mit Edelfäule

6–10 °C

Aromatische und
liebliche Weißweine
Mittelschwere Weißweine

Komplexe Schaumweine
(Champagner)

6–8 °C

Leichte Weißweine

Einfache, aromatische
und süße Schaumweine

Mit Alkohol verstärkte
trockene Aperitifweine
(z. B. Sherry Fino)

entkorken, dekantieren, einschenken

Wie bekomme ich den Korken aus der Flasche, und auf welchen Wegen kommt der Wein ins Glas?

Entkorken

Wir nähern uns der letzten Station auf dem langen Weg des Weins vom Weinberg bis in unser Glas. Wir machen das behutsam und mit Respekt. Und ein bisschen Feierlichkeit darf schon sein!

Stellen Sie die Flasche gerade auf den Tisch, so vermeiden Sie, dass sie geschüttelt wird. Wenn sie alt und staubig ist, stellen Sie sie auf einen Teller und legen sich ein Tuch zurecht, um sich die Hände abzuwischen. Schneiden Sie mit einem Messer oder Kapselschneider die Kapsel deutlich unterhalb der Flaschenmündung ab, damit der Wein beim Einschenken nicht mit dem Kapselrest in Berührung kommt. Bevor Sie den Korken ziehen, reinigen Sie ihn und den Flaschenhals mit einem Tuch.

Die Kapsel wird deutlich unterhalb der Flaschenmündung abgeschnitten.

Jetzt kommt der Korkenzieher zum Einsatz. Es gibt unendlich viele, wirklich brauchbar sind eigentlich nur zwei: der Sommelier-Korkenzieher und der Screwpull. Wichtig ist, dass die Spindel (die Spirale) einen breiten Durchmesser hat und lang genug ist. So zerschneidet sie den Korken nicht, sondern fasst ihn auf einer breiten Fläche – und sie gelangt auch bei langen Korken bis an ihr Ende. Ziehen Sie den Korken möglichst gerade aus der Flasche, lange Korken können sonst leicht brechen.

Was tun, wenn …

… der Korken abbricht

Ist noch ein größerer Rest im Flaschenhals, versuchen Sie den Korkenzieher im schrägen Winkel nochmals in den Korken zu bohren, oft bekommt man ihn so noch zu fassen. Wenn alles nichts hilft: Korken vorsichtig (!) mit einem Löffelstiel in die Flasche drücken und den Wein dekantieren – falls zu viele Brösel in den Wein gefallen sind, durch ein Sieb oder Baumwolltuch.

… der Korken in die Flasche fällt

Es gibt eigens entwickelte Krallen, um den Korken herauszufischen. Einfacher: den Wein dekantieren.

… der Korken zu fest sitzt

Vor allem bei Champagner kann das passieren. Erwärmen Sie den Flaschenhals kurz mit einem heißen Tuch oder über einer Kerzenflamme. Die Wärme weitet das Glas und macht gleichzeitig den Korken geschmeidiger.

Champagner entkorken

Stellen Sie die Gläser bereit, bevor Sie anfangen, es könnte nachher plötzlich pressieren. Reißen Sie die

Sobald der Drahtkorb gelöst ist, muss der Korken gehalten werden.

Folie unterhalb des Drahtkorbs auf, meist geht das mit einem Bändchen oder einer Perforierung. Drehen Sie den Verschluss des Drahtkorbs auf und entfernen ihn. Halten Sie den Korken mit dem Daumen, damit er sich nicht selbstständig macht. Nun drehen Sie mit einer Hand die Flasche und halten mit der anderen den Korken fest. Der Korken sollte sanft und ohne Knall aus der Flasche steigen. Sitzt er zu fest, erwärmen Sie wie links beschrieben kurz den Flaschenhals. Es gibt für diesen Fall spezielle Zangen, doch auch ein Nussknacker aus Metall kann helfen.

Dekantieren

Bei alten Rotweinen
Alte Rotweine bilden oft ein Depot in der Flasche. Beim vorsichtigen, sprich langsamen Umgießen des Weins in eine Karaffe können Sie ihn davon trennen. Stellen Sie eine Kerze unter den Flaschenhals, so sehen Sie genau, wann die Trübung kommt. Die Karaffe sollte eher schlank sein, denn zu viel Luftkontakt kann dem Wein schaden.

Bei jungen Rotweinen und bei Weißweinen
Junge Rotweine können durch Lüften entscheidend gewinnen. Hier ist daher eine eher weite Karaffe angezeigt. Auch dürfen diese Weine zwei bis drei Stunden vor dem Servieren dekantiert werden. Das bloße Öffnen der Flasche bringt diesen Effekt nicht, dafür ist der Kontakt zwischen Wein und Luft im Flaschenhals zu gering. Weißweine werden in der Regel nicht dekantiert, manche machen es trotzdem, weil sie das Ritual lieben.

Einschenken

Derjenige, der den Wein geöffnet hat, prüft, ob er fehlerfrei ist. Dann schenkt er ein. Gehalten wird die Flasche dabei am Etikett und nicht am Hals. Und die Gläser nicht zu voll füllen, bis etwa knapp unter die weiteste Stelle des Glases ist genau richtig.

LAGERN VON GEÖFFNETEN FLASCHEN

Luft verändert den Wein zum Guten wie zum Schlechten. In der Regel hält er sich in der geöffneten Flasche jedoch ohne weiteres ein bis zwei Tage. Man kann ihn vor dem schädlichen Sauerstoff schützen, indem man die Flasche sofort wieder verschließt oder den Wein in kleinere Flaschen umfüllt. Es gibt sogar Pumpen, mit denen man etwas Luft aus der Flasche entfernen kann. Auf jeden Fall sollten Sie den Wein (weiß und rot!) zum Lagern in den Kühlschrank stellen, denn Kälte bremst alle biologischen Vorgänge, also auch die Oxidation des Weins.

die gläser

Das Weinglas ist Behältnis und Präsentationsobjekt zugleich. Es dient dem Wein als Bühne und dem Weinliebhaber als Trinkgefäß. Aus diesen beiden Funktionen lassen sich alle Eigenschaften ableiten, die ein gutes Glas auszeichnet.

Das Glas als Präsentationsobjekt

Der Wein soll im Glas alle seine Vorzüge und Eigenschaften möglichst unverfälscht zur Geltung bringen können. Es muss daher vollkommen klar und darf auf keinen Fall farbig sein. Auch die schönste Dekoration beeinträchtigt die freie und unverstellte Sicht auf den Wein.

Die Form des Glases

Der Kelch Es ist unglaublich, wie stark sich seine Form auf den Genuss des Weins auswirkt. Machen Sie die Probe und verkosten Sie denselben Wein aus einem Wasserglas, einem breiten Cocktailglas und einem edlen, richtig geformten Kelch. Der Unterschied ist eklatant.

Worauf kommt es an? Soll der Wein kühl bleiben, zum Beispiel Weißwein oder Rosé, darf man nur kleine Mengen einschenken. Das Glas muss also ebenfalls klein und schmal sein. Soll der Wein aber sein ganzes Aroma entfalten, ein schwerer Rotwein etwa, so muss seine Oberfläche groß und das Glas voluminös sein. Zu jedem Wein gehört also ein eigenes Glas. Aber machen Sie's nicht zu kompliziert (siehe rechts).

Das Glas muss sich auf jeden Fall nach oben verjüngen, damit sich die Düfte dort sammeln, wo wir die Nase hineinstecken.

Der Stiel Er dient der Hand. Wir sollen den Kelch möglichst nicht berühren, sonst bekommt er Flecken, und die Sicht auf den Wein wird beeinträchtigt. Zudem erwärmen wir den Wein mit der Hand. Der Stiel soll also so lang sein, dass ihn auch eine kräftige Männerhand bequem mit zwei Fingern halten kann. Stiellose Gläser sind ungeeignet.

Der Fuß Er muss groß genug sein, damit das Glas sicher steht.

Das Material Je edler der Inhalt, umso kostbarer soll auch das Gefäß dafür sein. Weingenießer von heute haben Glück, unseren Gläsermachern steht ein ideales Material zur Verfügung: das Kristallglas. Es ist absolut säurebeständig, makellos durchsichtig und lässt sich zu edlen dünnwandigen Gläsern formen.

Gläser dürfen nicht riechen

Weingläser wäscht man mit heißem Wasser und möglichst geruchlosem Spülmittel. Egal, wie intensiv das Spülmittel duftet, in jedem Fall sollten Sie die Gläser sehr gründlich mit heißem Wasser nachspülen. Auch wenn es noch so praktisch ist: im Karton aufbewahrte Gläser riechen unweigerlich auch so. Und im Schrank müssen sie aufrecht stehen, damit die Luft im Kelch nicht muffig wird.

Machen Sie's nicht zu kompliziert

Man kann aus der »Gläserkunde« eine ganze Wissenschaft machen. Für den Anfang genügen drei Gläser vollauf, nämlich eins für Weißwein sowie Aperitif- und Dessertweine, eins für Rotwein und eins für Schaumwein. Später, wenn Sie noch mehr Spaß am Wein haben, können Sie Ihren Bestand immer noch erweitern.

Grundausstattung | Ergänzung

Bitte nicht

Auch für Aperitif- und Dessertweine geeignet

Mittelgroßes Rotweinglas.

Hoch und schlank

Klein und schmal

Groß, Ballonform

Groß und eher schlank

Das Volumen ist etwas größer als beim Weißweinglas

Farbig und geschliffen

Nach oben offen. Auch für Süßweine nicht geeignet

WEISSWEIN

ROTWEIN

SCHAUMWEIN

APERITIF- UND DESSERTWEINE

BURGUNDER

BORDEAUX

ROSÉ

SCHMUCK-POKAL

BECHERGLAS

Ist nach oben offen, hat keinen Stiel und dickes Glas

LIKÖRSCHALE

die sechs schritte beim verkosten

Wer einen Wein in all seinen Facetten kennenlernen möchte,
muss mit ein wenig System vorgehen.

Unser oberstes Ziel ist es, das Verständnis für den Wein zu erweitern und unsere Freude an ihm zu vertiefen. Um das zu erreichen, brauchen wir wache Sinne und einen neugierigen Geist. Mehr nicht. Der Rest ist etwas Technik, und dieser wollen wir uns jetzt zuwenden. Immer in Verbindung mit genussvollem Üben, eben Learning by tasting.

Ein entscheidender Tipp vorweg: Die Nase spielt beim Verkosten eine besonders wichtige Rolle. Tabak, Parfum und andere intensive Gerüche stören die zarten Düfte eines Weins enorm. Der Raum für eine Verkostung sollte also nach nichts riechen als nach Wein.

Einschenken

Profis verwenden ein eigens für Degustationen geschaffenes und international genormtes Glas. Für unsere Zwecke eignen sich Weißweingläser (auch für Rotweine) am besten. Schenken Sie das Glas nur zu etwa einem Drittel voll. So können Sie es neigen und den Wein darin schwenken.

Betrachten

Halten Sie das Glas leicht geneigt vor einen weißen Hintergrund (etwa ein Blatt Papier oder eine Stoffserviette). So können Sie im Zentrum die Farbtiefe, am Rand die Farbnuancen und die Klarheit des Weins am besten beurteilen. Wenn Sie das Glas schwenken, sehen Sie die Flüssigkeit (Viskosität) des Weins und eventuell die so genannten Tränen.

Riechen

Schwenken Sie jetzt den Wein im Glas. Auf Nummer Sicher gehen Sie dabei, wenn Sie das Glas auf dem Tisch stehen lassen und es kreisförmig bewegen. Damit benetzen Sie die Wände des Glases mit Wein, und die Aromastoffe können von einer wesentlich größeren Oberfläche aufsteigen. Sie bilden nun im Glas einen unsichtbaren Nebel, den Sie mit der Nase aufnehmen können. Es folgt ein kostbarer Moment, in dem Sie schon fast alles über den Wein erfahren. Schenken Sie ihm Ihre ganze Aufmerksamkeit. Da die Nase schnell ermüdet, ist es besser, wie ein Hund zu schnuppern als die Luft in langen Zügen einzuziehen. Nur etwa 5 % des Luftstroms ziehen beim normalen Atmen an unserem Riechzentrum in der Nase vorbei. Mit Schnüffeln lässt er sich bis auf 20 % steigern.

Betrachten   Riechen   Schmecken   Beurteilen   Spucken

Schmecken (Kauen und Schlürfen)

Nehmen Sie einen ordentlichen Schluck in den Mund. Der Wein trifft auf Ihre Zunge, diese erschrickt ein wenig oder erschauert unter dem Eindruck von Fruchtsüße und Säure. Nun breitet sich der Wein in Ihrem Mund aus. Durch »Kauen« und leichtes Schlürfen (ein bisschen dürfen Sie die Erziehung dabei schon vergessen) verteilen Sie ihn in der gesamten Mundhöhle und belüften ihn. Während Sie den Wein auf diese Weise im Mund drehen und wenden, können Sie weiter durch die Nase ein- und ausatmen. Da Mundhöhle und Nasenhöhle über den Rachen direkt verbunden sind, erreichen die erwärmten Aromastoffe von innen her nochmals Ihre Nasenschleimhaut.

Zu Duft und Geschmack kommt jetzt der Tastsinn hinzu. Sie fühlen die Konsistenz des Weins, seinen Körper – ob er sich beispielsweise mager oder fleischig anfühlt – und eventuell auch die Kohlensäure.

Schlucken oder Spucken

Profis spucken die Weine wieder aus und behalten dadurch auch bei umfangreichen Weinproben einen klaren Kopf. Im privaten Rahmen entscheiden Sie selbst. Falsch ist es sicher nicht, aber bei nur vier Weinen auch nicht unbedingt nötig.

Der Gesamteindruck

Wenn man den Wein geschluckt oder ausgespuckt hat, klingt er am Gaumen noch eine Weile nach. Unsere Sinne beruhigen sich, und der Eindruck erlischt allmählich. Dieses Nachklingen nennt man den Abgang und seine Dauer die Länge des Weins. Ein langer Abgang ist ein sicherer Hinweis für einen guten, vielleicht sogar großen Wein.

Jetzt fügen sich alle Sinneseindrücke zu einem Ganzen zusammen und es entscheidet sich, ob sie zu Harmonie und Komplexität verschmelzen und eine ausdrucksvolle Weinpersönlichkeit erkennen lassen oder nicht.

HORIZONTALE UND VERTIKALE DEGUSTATIONEN

Professionelle Verkoster unterscheiden grundsätzlich zwei verschiedene Degustationstypen:

Die horizontale Degustation
Man degustiert verschiedene Weine aus demselben Jahrgang. Das erlaubt es dem Verkoster, die Bedeutung des Bodens, der Rebsorte und der Kellertechnik besser zu verstehen.

Die vertikale Degustation
Man degustiert die gleichen Weine (des gleichen Produzenten oder der gleichen Region) aus verschiedenen Jahrgängen. Dabei wird der Einfluss des Wetters deutlich und die Entwicklung eines Weins während seiner Reifung.

das gesicht des weins

Die Italiener sprechen vom » vestito del vino« und die Franzosen von »la robe du vin«, dem Kleid des Weins. Wie bei uns Menschen kann dieses Gewand die pure Augenweide sein und sehr viel über den aussagen, der es trägt: über seinen Charakter, über die Erwartungen, die er wecken möchte, und die Art, wie er mit uns ins Gespräch kommen will.

Klarheit und Lebendigkeit

Ein Wein muss Lebendigkeit ausstrahlen, Brillanz und Frische. Das macht er ganz unabhängig von seinem Alter durch die Klarheit und den Glanz seiner Farbe. Ist diese jedoch müde, erloschen oder gar trüb, können wir nur einen Wein erwarten, dem die Lebenskraft fehlt und der vielleicht sogar krank ist. Eine leichte Trübung, die ganz offensichtlich vom Bodensatz herrührt (kann man in der Flasche erkennen), lasten wir nicht dem Wein an, sondern demjenigen, der ihn eingeschenkt hat.

Farbtiefe

Wenn wir das Glas vor einem weißen Hintergrund leicht neigen, sehen wir, wie sich die Farbe des Weins vom Rand gegen das Zentrum hin vertieft. In der Mitte ist sie bei schweren Rotweinen oft fast schwarz, sodass wir unseren Finger kaum mehr sehen, wenn wir ihn unter dem Glas hin und her bewegen. Das ist die Farbtiefe. Sie ist allerdings nicht immer ein sicherer Hinweis auf die Qualität des Weins. Es gibt Traubensorten mit Beeren, die wahre Farbbeutel sind, und andere, die immer helle Weine hervorbringen. Ein Pinot noir oder Nebbiolo beispielsweise wird nie die Farbtiefe eines Cabernet Sauvignon oder eines Syrah erreichen.

Darüber hinaus beeinflussen viele Faktoren die Farbtiefe: der Jahrgang, die Ertragsmenge, der Reifegrad der Trauben, die Dauer der Maischegärung, die Lagerung im Barrique usw.

Farbtöne

Den Farbton verdankt der Wein ebenfalls der Traubensorte, aber auch seiner geografischen Herkunft und seinem Alter. Ein kühles Klima schenkt Weißweinen oft grünliche Reflexe und erbringt bei den Roten generell hellere Weine als ein warmes.

Wie bei einem Papier, das vergilbt, oder bei einem angeschnittenen Apfel, der an der Luft braun wird, verändern Alter und Sauerstoff auch die Farbe des Weins, er oxidiert: Weißwein wird mit der Zeit dunkler, zuerst golden und dann bernsteinfarben. Rotwein hingegen wird heller, zuerst rubinrot, später ziegelrot und am Schluss zwiebelfarben. Er hat dann wahrscheinlich das Ende seiner Biografie erreicht.

Viskosität, Tränen

Der Wein kann sich im Glas frisch und lebendig bewegen wie Wasser oder schwer wie Öl oder Sirup. Man nennt das die Viskosität oder die Flüssigkeit des Weins. Sie gibt einen direkten Hinweis auf den Alkoholgehalt und die im Wein gelösten Inhaltsstoffe. Ein leicht flüssiger Wein ist sicher schlanker am Gaumen als ein viskoser. Dazu gehören auch die viel diskutierten Tränen, die ebenfalls Rückschlüsse auf den hohen Alkoholgehalt des Weins erlauben.

Kohlensäure

Auch bei stillen Weißweinen kann man oft nach dem Einschenken einen Hauch aus feinem Schaum beobachten, der sich schnell bildet und wieder auflöst. Diese Kohlensäure kann bei einem frischen Weißwein durchaus angenehm und gewollt sein. Bei allen anderen Weinen ist sie jedoch ein Fehler.

Helles Gelbgrün

Über einem hellen Gelb dominieren vegetabile Grüntöne. Junge Weine aus kühlen Klimazonen.

Blasses Goldgelb

Die Farbe ist eher blass und erinnert an Stroh. Junge oder wenig gereifte Weine aus eher gemäßigtem oder warmem Klima.

Tiefes Goldgelb

Diese Weine sind strahlend, die Farbe ist satt und brillant. Gehaltvolle Weine auf dem Höhepunkt.

Bernstein

Die Goldfarbe vertieft sich in Richtung Kastanienbraun oder Karamell. Reife Weine, Dessertweine.

Purpur

Die Farbe enthält noch einen hohen Anteil an Violett. Junge Weine mit frischem, weinigem Geschmack.

Rubin, Kirschrot

Sattes strahlendes Rot, der Violettanteil ist verschwunden. Trinkreife bei Weinen, die nicht für eine längere Lagerung vorgesehen sind. Die Fruchtaromen dominieren.

Granat

Erste orange Reflexe sind sichtbar (Blut, Granatapfel). Trinkreife für gehaltvollere Weine, die ein paar Jahre gelagert werden können. Komplexe Aromen reifer Früchte.

Ziegelrot

Die Farbe entwickelt sich über Orange, Ziegelrot bis zur Zwiebelfarbe. Tertiäraromen bilden sich. Große lagerfähige Weine zeigen jetzt ihr Potenzial, alle anderen sind zu lange gelagert und eher nicht mehr trinkbar.

■ Weißweine
■ Rotweine

die vielfalt der weinaromen

*Düfte sind die Seele des Weins, es gibt Tausende davon, und alle haben eine
Bedeutung.*

Traubensaft riecht kaum

Frisch gepresster Traubensaft duftet nur ganz
schwach. Das wenige, das man im Wein davon noch
wahrnehmen kann, nennen wir die Primäraromen.
Eine Ausnahme machen nur einige wenige aromatische Rebsorten, allen voran der Muskateller.

Düfte entstehen durch Gärung

Erst die Gärung schenkt dem Wein die Vielfalt seiner
Düfte. Der ganze Reichtum der Gerüche, die die
Natur zu bieten hat, entsteht in diesem Umwand-
lungsprozess: Düfte von Blumen, Früchten, Kräutern,
Gewürzen, Nüssen, Brot, Butter, Hölzern und vielem

mehr zeigen sich. Das sind die Sekundäraromen. Anders als bei den einfachen primären Produkten, die
nur nach Nuss, Pfeffer oder Paprika duften, entsteht
bei der Gärung immer eine ganze Palette an Düften,
die sich ergänzen, durchdringen und überlagern: die
faszinierende Aromenvielfalt des Weins.

Düfte wandeln sich durch Reifung

Im Fass und später in der Flasche entwickelt sich der
Wein und damit auch seine Aromen. Das Fass trägt
die Röst- und Vanillenoten des Holzes bei. Die Reifung in der Flasche gibt dem Wein jene Milde und
Süße, die wir zusammen mit den herbstlichen Tönen
von Unterholz, Pilzen und Stall Bukett oder Bouquet
nennen. Das sind die Tertiäraromen. Der Wein hat
seine Vollendung gefunden.

Düfte unterscheiden und erkennen

Selbst für Kenner ist es nicht immer leicht, sich in
dieser verwirrenden Vielfalt von Düften und Gerü-
chen zu orientieren und ihre Eindrücke zu formulie-
ren. Wie gehen wir also am besten vor? Bei den einzelnen Verkostungsrunden geben wir Ihnen bei jedem
Wein die wichtigsten Aromen an, die man in der
Regel in ihm finden kann. Gehen Sie mit diesem
Führer auf Entdeckungsreise und versuchen Sie, die
Aromen zu finden. Speichern Sie diese Erfahrung in
Ihrem Gedächtnis ab: So also riechen Holunderblüten im Wein, und so Paprika oder Unterholz.
Auf der nächsten Doppelseite finden Sie die Aromen
zu Familien zusammengefasst in einer Tabelle. Sie
kann Ihnen helfen, sich zu orientieren und vielleicht
auf eine Spur zu kommen, die Ihnen bei einem Wein
noch nicht ganz klar geworden ist.

Auch Düfte haben Namen

Bei den Düften stellt uns die Sprache vor ein Problem, das wir von den Farben und den Geschmäckern nicht oder nur sehr bedingt kennen: Wir können sie nicht benennen. Eine Farbe ist ganz klar rot oder grün, ein Geschmack bitter oder süß, nur für Düfte haben wir keine passenden Wörter. Wir können werten und sagen: Diese Blume riecht gut oder schlecht, wie sie aber wirklich duftet, entzieht sich der Ausdrucksfähigkeit unserer Sprache. Wir müssen uns deshalb mit Vergleichen behelfen: Dieser Duft erinnert mich an Veilchen, Melonen, Kuhstall usw. Genauso gehen wir auch bei der Beschreibung der Aromenvielfalt im Wein vor. Grundsätzlich gibt es dabei zwei Wege.

Die assoziative Methode

Jeder von uns hat in seinem Gedächtnis Tausende von Düften gespeichert. Wir wissen noch, wie es im Schulhaus der Grundschule roch, welchen Duft der plötzliche Regen auf dem heißen Asphalt verströmt und welchen das Papier eines alten Buchs. Aus diesem Schatz holen wir unsere Vergleiche, wenn wir über Düfte sprechen. Das Problem dieser assoziativen Methode ist offensichtlich: Unsere Erfahrungen sind sehr persönlich und damit bei jedem anders. Ich kann mir deshalb nicht sicher sein, ob meine Vorstellung, die ich zum Beispiel mit dem Wort »staubig« verbinde, bei meinem Gesprächspartner die gleichen Assoziationen weckt. Das macht aber nichts, wenn wir uns im Freundeskreis über Wein unterhalten, im Gegenteil: Wir bringen unsere eigene Duftbiografie ins Gespräch und damit auch unsere individuelle Erfahrung hinsichtlich des Weins mit ein.

Die Aromabar hilft, Düfte zu erkennen.

Die »wissenschaftliche« Methode

Unter Fachleuten ist das allerdings etwas anders. Hier besteht das Bedürfnis, den Wein mit standardisierten Begriffen zu beschreiben, die präzise sind, wertneutral und möglichst objektiv. An der Universität von Kalifornien wurde deshalb in den 80er-Jahren von Ann C. Noble ein solches Begriffssystem entwickelt und in einem Aromakreis grafisch dargestellt. Es kategorisiert die Aromen in Gruppen und bringt damit Klarheit in die Fülle von Eindrücken. Dieses System wurde seither vielfach weiterentwickelt und bildet die Basis der heutigen professionellen Weinsprache. Es bildet auch die Grundlage für die Tabelle der Weinaromen und ihre Zusammenfassung in Familien auf der nächsten Doppelseite.

weinaromen – im überblick

AROMENFAMILIE

Weißweine	
	Blumig
	Fruchtig
	Vegetabil
	Gewürze
	Nussig
	Mineralisch
	Süß
	Geröstet

Rotweine	
	Blumig
	Fruchtig
	Kräuter
	Erdig
	Gewürze
	Animalisch

BEISPIELE	TYPISCH FÜR …
Akazie, Linde	Junge Weißweine, besonders typisch für Chardonnay
Rose	Gewürztraminer, Muskateller
Pfirsich, Aprikose	Riesling, Chardonnay, Süßweine
Apfel	Chardonnay, Riesling
Birne, Quitte	Grauburgunder
Zitrusfrüchte	Sauvignon blanc, Riesling
Beeren (schwarze Johannisbeeren)	Sauvignon blanc
Exotische Früchte (Ananas, Mango)	Chardonnay, Grauburgunder, Riesling Spätlese
Getrocknete Früchte (Feigen, Aprikosen)	Süßweine, Weine aus warmen Klimazonen
Paprika, Stachelbeeren, Gras	Sauvignon blanc
Pfeffer	Grüner Veltliner
Haselnüsse	Champagner, weißer Burgunder
Schiefer	Riesling
Feuerstein	Chablis, Pouilly-Fumé, Chasselas
Honig	Edelsüße Weine
Butter	Chardonnay
Vanille	Im Holzfass ausgebaute Weine
Toastbrot	Champagner
Rose	Nebbiolo, Barbera, Montepulciano d'Abruzzo
Veilchen	Sangiovese, Syrah, Cabernet aus Frankreich
Schwarze Früchte (Kirschen, Pflaumen)	Merlot, Pinot noir, Syrah
Rote Beeren (Erdbeeren, Himbeeren)	Pinot noir, Tempranillo
Schwarze Beeren (Johannisbeeren)	Cabernet Sauvignon
Banane	Beaujolais primeur
Vegetabil (Gras, Paprika, Minze)	Cabernet Sauvignon, Cabernet franc
Mediterran (Thymian, Rosmarin, Salbei)	Weine aus dem Languedoc und aus Sizilien
Laub, Wald, Pilze	Reife Weine, Pinot noir, Nebbiolo, Merlot
Teer	Nebbiolo, Syrah, Tannat (Madiran)
Vanille	In Eichenholz ausgebaute Weine
Lakritze	Syrah, Merlot, Sangiovese
Pfeffer	Syrah
Schokolade	Bordeaux, Nebbiolo
Leder	Syrah
Wild	Rhône-Weine

der wein am gaumen

Wir nennen einen Liebhaber und Kenner edlen Essens und kostbarer Weine gern einen Feinschmecker. Dabei kann man gerade mal vier »Geschmäcker« unterscheiden, nämlich süß, salzig, sauer und bitter. Im Gegensatz zur Nase, die Tausende von Düften erkennen kann, ist der Geschmackssinn also eher plump. Im Grunde müsste der Feinschmecker also eigentlich Feinriecher heißen. Doch der Gaumen hat ganz andere Talente: Er spürt, wie ein Wein sich anfühlt: leicht oder voll, eckig oder rund, messerscharf oder weich. Und er fühlt seine Temperatur und das Gewicht seines Körpers.

Die Geschmacksempfindungen

Unsere Zunge

Die Zunge ist das Hauptorgan des Geschmacks, auf ihr konzentrieren sich die Geschmackspapillen, mit denen wir schmecken. Die übrigen Schleimhäute im Mund können da nur bedingt mithalten. Vorn an der Zungenspitze reagieren wir vor allem auf Süße, seitlich auf

Säure, gegen die Mitte hin auf Salz und am Zungengrund auf Bitterkeit. Und genau in dieser Reihenfolge nehmen wir auch die Geschmackseindrücke wahr. Zuerst als Auftakt die Süße, dann die Säure und zum Schluss hin und oft erst im Abgang das Bittere.

Süße

Ganz durchgegorene Weine nennt man »knochentrocken«. Meist enthält der Wein aber eine kleine Menge Restzucker. Wir empfinden ihn dann zwar immer noch als trocken, aber auch als rund und harmonisch. Die Empfindung »süß« beschränkt sich jedoch nicht nur auf Zucker, auch andere Stoffe, vor allem Alkohol und Glyzerin, schmecken süß.

Säure

Wenn Sie an einen knackigen Apfel denken, fühlen Sie am hinteren Zungenrand und an den Wangenschleimhäuten ein Ziehen, gleichzeitig wird Ihr Mund wässrig. So macht sich die Säure bemerkbar. Sie gibt dem Wein Frische und Saftigkeit. Fehlt sie, wirkt der Wein flach und langweilig.

Bitterkeit

Eine leichte Bitterkeit ist im Abgang vieler Rotweine zu entdecken. Sie stammt von den Tanninen und kann durchaus angenehm sein. Tritt sie jedoch zu stark hervor, ist der Wein fehlerhaft (die Trauben waren unreif).

Salz

Diese Geschmacksempfindung spielt beim Wein nur in Ausnahmefällen eine Rolle (Sherry, Petite Arvine).

Die Tastempfindungen

Tannin (Gerbstoff)

Tannin zieht die Mundschleimhäute zusammen und macht den Mund pelzig und trocken. Es ist das wichtigste Konservierungsmittel für alterungsfähige Weine. In jungen Rotweinen kann es sehr präsent sein, mit der Zeit zerfällt es aber, und der reife Wein tritt wie hinter einem Tanninvorhang hervor. Die Qualität des Tannins wird oft mit Stoffen verglichen. Es kann seidig sein, samtig, feinkörnig, grobkörnig oder einfach rau und grob. »Grüne« Tannine stammen aus unreifem Traubengut oder aus den Stielen. Sie bleiben immer grün und bitter.

Viskosität/Kohlensäure

Wein kann sich leicht anfühlen wie Wasser; wenn etwas Kohlensäure darin gelöst ist, sogar noch leichter. Man erkennt das am sogenannten Stern, der sich auf der Weinoberfläche bildet. Er kann aber auch ölig und schwer sein. Dann bewegt er sich schon im Glas weich und langsam.

Körper und Struktur

Wenn wir uns einem Wein annähern, nehmen wir zuerst mit der Nase seine Aromen wahr. Sie wecken und steuern unsere Vorfreude. Erinnern sie uns an reife Früchte, so erwarten wir einen eher weichen und runden, vielleicht sogar leicht süßen Wein.

Die Zungenspitze nimmt diese Erwartung auf und bestätigt sie (oder auch nicht) durch die Geschmacksempfindung der Süße. Tritt sie hervor, empfinden wir den Wein als weich und pastos, tritt sie zurück, als frisch und leicht. Zusammen mit der Geschmeidigkeit des Alkohols und des Glyzerins entsteht nun ein Bild von der Weichheit des Weins. Wir nehmen seinen Körper wahr.

Unmittelbar nach der Süße folgen die Empfindungen von Säure, Bitterkeit und Adstringenz. Sie bilden das Gegengewicht zur Weichheit der Süße und geben dem Körper Halt und Struktur. Er erhält gewissermaßen sein Rückgrat und sein inneres Skelett.

Je nach Typus und Charakter des Weins kann sich das Gleichgewicht zwischen weichem Körper und fester Struktur verschieben: Soll ein Riesling schlank und federnd sein, wird die Struktur, und das heißt in diesem Fall, die Säure, dominieren. Vielleicht belässt ihm der Kellermeister einen Hauch an Süße, damit er nicht hart und scharf wirkt. Auf der anderen Seite tendiert ein Chardonnay aus Kalifornien vielleicht in Richtung weich, rund und üppig. Dann dominieren diese Anteile in seinem Körper. Trotzdem muss ihm der Winzer genügend Säure mitgeben, sonst verliert der Wein seinen Halt und zerfließt formlos am Gaumen. Die Rolle, die bei den Weißweinen die Säure spielt, kann bei den Rotweinen das Tannin übernehmen: Ein leichter fruchtbetonter Beaujolais erhält seine Struktur wie ein Weißwein vor allem durch die Säure, ein Bordeaux dagegen vom Tannin, während ein Chianti von beiden Strukturelementen profitiert.

BEIM SCHMECKEN RIECHEN

Unsere Mundhöhle ist kein abgeschlossener Raum, sondern über den Rachen mit der Nase verbunden. Das ist der retronasale Weg. Wir riechen deshalb eigentlich zweimal: einmal direkt mit der Nase und einmal indirekt beim Schmecken über den retronasalen Weg. Dieser ist von größter Wichtigkeit: Der Wein erwärmt sich nämlich im Mund, wird beim Schlürfen mit Luft angereichert und gibt so erneut eine Fülle von Aromastoffen frei, die beim Schlucken automatisch wieder in den Nasenraum aufsteigen. Wir riechen beim Schmecken ein zweites Mal.

qualität und bewertung

Das Ganze ist mehr als seine Teile

Nun kommen wir zum schwierigsten Teil unserer Analyse, wir beurteilen den Wein in seinem Gesamtbild. Wir haben seine Farbe bestimmt, seine Aromen analysiert, seinen Geschmack beschrieben und schließlich auch seinen Körper und seine Struktur entdeckt. Was heißt das nun aber alles für die Qualität des Weins? Was sagen diese Teile aus über das Ganze? Hat er von allem etwas mehr und heißt das, er ist deshalb besser als ein anderer? Oder kommt es in erster Linie auf die Harmonie der Teile an, wie in einem Team, das Fußball oder ein Musikstück spielt? Der nachdenkliche Weinliebhaber ordnet seine Eindrücke vielleicht zunächst auf Degustationsblättern. Er schreibt seine Beurteilung wohlgeordnet nach Auge, Nase, Gaumen auf. Viele Degustationsblätter sehen dafür auch Zahlenwerte vor. Am Schluss zählt man zusammen und erhält eine Summe. Ist das jetzt die Qualität des Weins? Was aber, wenn die Farbe wunderbar leuchtet, der Duft uns betört, im Gaumen aber eine übermäßige Bitterkeit uns die ganze Freude verdirbt? Da können alle anderen Eigenschaften so gut sein, wie sie wollen, der Wein ist schlecht. Die Qualität eines Weins ist doch wohl mehr und vielleicht sogar etwas anderes als die Summe der Teile, genauso wie ein Bild mehr ist als die Summe der Farben. Aber worin besteht sie dann, und wie kann man sie bestimmen? Wir möchten dazu zwei Kriterien ins Spiel bringen: Persönlichkeit und Schönheit. Wir wissen: Beides kann man nicht messen, und doch kommt es letztlich nur auf diese beiden an.

Persönlichkeit und Ausdruck

Ein guter Wein muss Charakter haben, Ausdruck und Persönlichkeit. Er kommt aus einer bestimmten Region und hat das Klima, den Boden und die oft jahrhundertealten Traditionen dieser Gegend in sich aufgenommen. Er wurde aus einer oder mehreren Rebsorten gekeltert, die ihm ihren eigenen Charakter mitgegeben haben. Er stammt aus einem bestimmten Jahr, das vielleicht verregnet war, vielleicht aber auch schön und trocken. Er wurde von Menschen geerntet, gekeltert und im Keller gepflegt und gehegt, bis er in die Flasche abgefüllt wurde. Dann begann das Wirken der Zeit, vielleicht nur kurz, vielleicht über viele Jahre hinweg. Von all diesen Erlebnissen ist der Wein geprägt, den wir in unser Glas einschenken. Und alle diese »Prägungen« machen die Flasche einzigartig, die wir heute und hier entkorkt haben. Je mehr wir davon beim Verkosten erfahren, umso ausdrucksvoller, tiefgründiger und komplexer ist der Wein.

Schönheit und Harmonie

Zu unserem Respekt und unserer Faszination vor der Persönlichkeit des Weins tritt unser Bedürfnis nach ästhetischer Schönheit, nach Form, Harmonie und Proportion. Ein Wein spricht mit vielen Stimmen zu unseren Augen, der Nase, dem Geschmack und dem Tastsinn. Alle diese Stimmen vereinigen sich im Augenblick des Genusses zu einer Art Konzert. Nun muss alles passen. Die einzelnen Stimmen können sich gegenseitig unterstützen und steigern, aber auch unterdrücken und auslöschen. Einige wenige Milligramm zu viel Säure oder zu wenig Tannin können das Gesamtgefüge eines Weins nachhaltig beeinflussen oder sogar zum Einsturz bringen. Kein chemischer Analyseapparat kann hier helfen. Es ist der Künstler im Weinberg und im Keller, der dieses Konzert dirigiert und die Stimmen so ins Gleichgewicht bringt, dass wir im Idealfall gefesselt zuhören und staunen.

Gebräuchliche Bewertungssysteme

Viele Verkoster richten sich heute nach einem Punktesystem, das es ihnen erlaubt, die Qualität eines Weins auf einer virtuellen Skala einzuordnen. Das kann auch für unsere eigenen Verkostungen nützlich sein, indem wir auf diese Weise festhalten, wie gut oder schlecht uns ein Wein geschmeckt hat.

Das 20-Punkte-System

Das heute beim Verkosten besonders häufig angewandte System umfasst theoretisch eine Skala von 20 Punkten. In der Praxis werden aber nur die Zahlen von 10 an aufwärts verwendet.

Die einzelnen Stufen bedeuten: Ist ein Wein vollkommen, bekommt er mit 20 Punkten die Höchstnote. 18 oder 19 sind immer noch hervorragend, 16 und 17 sehr gut, 14 und 15 gut, 12 und 13 einigermaßen gut und 10 und 11 passabel.

Das 100-Punkte-System von Robert Parker

Der amerikanische Rechtsanwalt und Weinkritiker Robert Parker hat in den 80er-Jahren ein 100-Punkte-System eingeführt, nach dem er pro Jahr viele Tausend Weine verkostet. Seine Beurteilungen werden international sehr beachtet und setzen vor allem bei den Bordeaux-Weinen einen Maßstab, der den Weinmarkt wesentlich beeinflusst.

Hugh Johnsons vier Sterne

Hugh Johnson, der wohl bedeutendste Weinautor überhaupt, verwendet in seinem »Kleinen Johnson« einem jährlich erscheinenden Taschenbuch über die wichtigsten Weine, Produzenten und Jahrgänge, vier Qualitätsstufen, die er mit Sternen bewertet:

* einfache Qualität für jeden Tag
** überdurchschnittlich
*** bekannt, berühmt
**** erstklassig, anspruchsvoll, teuer

JLF-WEINTEST

Der beste Weintest, den wir kennen, stammt von Andreas März, dem kreativen Mitbegründer und Chefredakteur der Weinzeitschrift »Merum«. Lassen wir ihn selbst zu Worte kommen: »Der härteste Prüfstand für einen Wein ist der Esstisch. Egal, wie er in der Blindverkostung, bei der Dutzende von Weinen hintereinander geschlotzt und ausgespuckt werden, abschließt, der verlassene Esstisch macht die zuverlässigsten Aussagen über die Güte eines Weins: In der leersten Flasche war stets das beste Tröpfchen! Die Regeln für den »JLF-Weintest«: Die Flaschen sind unverdeckt; die Gäste probieren von jeder Flasche ein kleines Schlückchen, bevor sie ihrer Vorliebe freien Lauf lassen. Nach dem Weggang der Gäste misst der Gastgeber mit dem Maßband die Weinreste in den Flaschen, und dann gilt: JLF (Je leerer die Flasche), umso besser der Wein!«

essen und wein

Was sich verträgt und was sich besser aus dem Weg geht.

Kein Wein wurde gekeltert, um später von Degustatoren geschlürft und anschließend ausgespuckt zu werden. Wein gehört mit dem Essen auf den Tisch und nicht in einen sterilen Degustationsraum. Er vermehrt den Genuss, rückt die einzelnen Gerichte ins rechte Licht und macht sie sogar noch bekömmlicher.

Bei der Vorstellung der Weinstile und der Beschreibung der einzelnen Weine haben wir jeweils auf deren besondere Affinität zu bestimmten Speisen hingewiesen. Hier möchten wir nun ein paar Grundsätze vorstellen, die man bei der Kombination von Essen und Wein beachten sollte. Wir wollen uns allerdings davor hüten, aus dem Thema »Wein und Essen« eine Wissenschaft zu machen, die jede Kreativität erschlägt. Doch auch willkürliches Improvisieren führt nicht immer zu einem positiven Erlebnis, deshalb einige Hinweise.

Das Zusammenspiel der Aromen

Genau wie der Wein verströmt auch ein Gericht eine Fülle von Aromen. Am besten knüpft man bei der Wahl des Weins daran an. Achten Sie dabei vor allem auf die Saucen und die Zubereitungsart. Sie tragen oft entscheidend zum Aroma des Gerichts bei. Wir können also nicht grundsätzlich sagen, was zu Hähnchen passt, sondern müssen beachten, wie das Hähnchen zubereitet ist, ob mediterran, mexikanisch oder thailändisch. Im umgekehrten Fall richten Sie sich nach dem Wein. Servieren Sie einen Weißwein mit Zitrusaromen, können Sie beim Würzen der Speisen mit Zitronensaft oder abgeriebener Zitronenschale eine Entsprechung aufbauen. Buttrig schmeckende Weine wie ein Chardonnay aus der Neuen Welt passen sehr gut zu Gerichten mit einer Buttersauce, und ein pfeffriger Syrah von der Rhône ist der ideale Begleiter zu einem ebenfalls mit Pfeffer gewürzten Steak.

Man kann diese Harmonie sogar noch unterstützen, indem man der Sauce des Gerichts einen Schuss von dem Wein beifügt, den man dazu trinken möchte. (Es darf auch eine günstigere Version des gleichen Typs sein.)

Säure

Grundsätzlich sollte die Säure des Weins in etwa der des Gerichts entsprechen. Ein säurebetonter Chianti verträgt sich deshalb besonders gut mit einer Pasta mit Tomatensauce oder ein kräftiger Riesling mit einer Ente mit Orangen. Ein Wein mit wenig Säure könnte da nicht mithalten.

Tannin

Es verträgt sich hervorragend mit den leicht bitteren Röstaromen von gebratenem Fleisch. Tannin reinigt nach dem Genuss fetter Gerichte oder solchen mit kräftigen dunklen Saucen den Mund hervorragend. Ein junger, tanninreicher Bordeaux oder Rioja ist daher der ideale Begleiter zu Schmorbraten. Aber Vorsicht: In Kombination mit zu viel Salz oder Säure wird Tannin bitter.

Salz

Es harmoniert wunderbar mit Süße. Ein salziger Käse und ein süßer Dessertwein sind deshalb ein echtes Traumpaar.

Struktur und Körper

Wir nehmen Wein und Speisen im Mund auch mit unserm Tastsinn wahr. Am besten verstehen sie sich, wenn sich Gleiches mit Gleichem verbindet, also ein schlanker Wein mit einem schlanken Essen oder ein üppiger mit einem üppigen. Ein samtiger, feingliedriger Burgunder passt deshalb wunderbar zu einem zarten Rehmedaillon mit delikater Sahnesauce. Manchmal muss man allerdings auch bereit sein, Grenzen zu überschreiten: Die fleischähnliche Textur des Thunfischs hat eine Festigkeit, die die meisten Weißweine

überfordern würde, hier passt ein frischer mittelschwerer Rotwein besser.

Intensität

Ein zu intensives Gericht kann einen delikaten Wein
erschlagen und umgekehrt. Ihre geschmackliche Intensität sollte sich deshalb etwa entsprechen.

Regionale Verwandtschaft

Jeder Wein ist zutiefst mit der Kultur und dadurch
mit den typischen Gerichten und Gewürzen seiner
Heimat verbunden. Sie sind auf dem gleichen Boden
gewachsen und wurden von der gleichen Sonne zur
Reife gebracht. Zu einem Elsässer Sauerkrautgericht
schmeckt nichts besser als ein einheimischer Riesling,
zu einem Käsefondue muss es ein Fendant aus dem
Wallis sein, und ein schönes Stück Fleisch vom Grill
bekommt erst mit einem kalifornischen Zinfandel das
richtige Cowboy-Feeling. Doch wie bei den Menschen gibt es auch beim Wein Anziehungskräfte, die
weit über die engen Grenzen der eigenen Kultur
hinaus zu ganz besonders glücklichen Ehen führen.
So passen viele asiatische Gerichte hervorragend zu
einem Riesling oder Muscat.

Harmonie und Kontrast

In der Regel heißt das Ziel in der Kombination von
Wein und Speisen Harmonie; Harmonie der Aromen,
des Geschmacks, der Struktur usw. Der Wein nimmt
die »Melodie« der Gerichte auf seine Art auf und
spielt sie weiter oder auch umgekehrt. Und dennoch
hat die Harmonie ihre Grenzen: Einem süßen Dessert
etwa kann ein Süßwein oft nicht mehr viel hinzufü-
gen. Es braucht vielmehr den Kontrast, um aufs Neue
Spannung aufbauen zu können.
Spektakulär und schlagend sind die Verbindungen
von Süßweinen mit salzigen Gerichten, einem Sauternes oder Portwein mit Blauschimmelkäse. Dieser
Effekt ist jedoch eher die Ausnahme als die Regel.

Disharmonie

Ebenso wichtig wie das Verständnis für Harmonie
und Kontrast ist auch das Verständnis der Unverträg-
lichkeit oder Disharmonie. Diese baut keine Span-

nung auf, sondern wirkt zerstörerisch. Beide Partner
präsentieren sich in diesen Kombinationen weit unter
ihrem Wert. In die gleiche Kategorie gehören auch
Gerichte, deren Kombination mit Wein grundsätzlich
problematisch ist, etwa Artischocken, Spargel, Eier,
Essig, Räucherfisch, Schokolade. Oft passen zu ihnen
nur ganz bestimmte Weine: zu Artischocken ein säu-
rearmer Grauburgunder, zu Spargel ein Sauvignon
blanc oder Silvaner, zu Eiern ein Müller-Thurgau oder
Chasselas, zu Essig gar nichts (oder ein Bier), zu Räucherfisch ein rauchig-mineralischer Riesling vom
Rhein und zu Schokolade ein Banyuls oder Portwein.

Gleiche Augenhöhe

Wein und Essen sollten sich nicht nur geschmacklich
gut verstehen, sie sollten sich auch bezüglich des Stils
auf einer Ebene befinden. Ein feiner, vornehmer Wein
passt zu edlen Speisen, während ein robuster Wein
nach einem rustikalen Gericht verlangt. Ein herzhaf-
tes Backhendl versteht sich deshalb hervorragend mit
einem bodenständigen Weißburgunder oder Grünen
Veltliner. Und umgekehrt wäre es eine Sünde, einen
Rehrücken nicht mit einem großen Burgunder zu
ehren. Doch auch in dieser Beziehung stellen wir
keine sturen Regeln auf. Eine Flasche Champagner
am Waldrand kann wunderbar schmecken.

learning by tasting

Und jetzt fangen wir gleich an, 13 Verkostungsrunden und 52 Weine stehen bereit, es geht los: Learning by tasting!

Das Ziel dieses Buchs ist es, Sie auf eine Reise zu den verschiedenen Weinstilen – roten, weißen, prickelnden und süßen – mitzunehmen. Wir haben dafür 52 Weine ausgewählt, von denen jeder einen bestimmten Stil repräsentiert. Alle diese Weine werden jeweils auf einer Seite in einem umfassenden Porträt vorgestellt. Sie erfahren etwas über ihre Herkunft, ihre Geschichte, ihre Rebsorte(n), ihre Persönlichkeit und eben ihren Stil. Ein einzelner Wein reicht allerdings nicht aus, um einen Stil kennenzulernen. Man braucht den Vergleich. Wir haben deshalb immer vier Weine so zusammengefasst, dass man beim Kennenlernen dieser Runde verschiedene Stile besser unterscheiden oder einen bestimmten Stil besser verstehen lernt. Diese Viergruppen nennen wir Degustationsrunden.

Wie Sie am besten vorgehen

Den Weg zum Ziel wählen Sie selbst. Sie können sehr systematisch vorgehen und nach der Reihenfolge in diesem Buch mit der ersten Degustationsrunde beginnen und die anderen folgen lassen. Sie können aber auch hin und her hüpfen, sich Ihre Lieblingsweine aussuchen und von dort aus Ausflüge in die Umgebung machen.

Das Prinzip ist ganz einfach: Sie suchen sich ein paar gleich gesinnte Freunde und Freundinnen und kaufen sich vier verschiedene Weine (bei den Degurunden steht, welche), Sie verkosten sie, und nach »getanem« Vergnügen beschließen Sie den Abend mit einem Essen (bei den Weinen steht, was passt) und trinken dabei die verkosteten Flaschen leer.

Sie können sich aber auch auf eigene Faust auf den Weg machen und mal die, mal jene Flasche ausprobieren, jeder soll und darf auf seine Weise selig werden.

Das Einkaufen

Lesen Sie vor dem Einkauf unsere Angaben genau durch oder nehmen Sie das Buch gleich mit zum Weinhändler, dann weiß er genau, was Sie brauchen. Wenn er einen Wein nicht führt, kann er Ihnen vielleicht sogar interessante Alternativen vorschlagen. Folgen Sie dem Geist dieses Buches, nicht seinem Buchstaben.

Die Verkostung

Die Weinbeschreibungen in diesem mittleren Teil des Buchs sollen Ihnen als eine Art Leitfaden beim Verkosten dienen. Jeder Wein weicht jedoch als Individuum vom allgemeinen Typ, den wir beschreiben, etwas ab. Das darf Sie nicht stören, denn unsere Angaben meinen nicht: »Dieser Wein muss so schmecken.« Sondern: »Suchen Sie in diesem Wein nach den aufgeführten Merkmalen.« Zu (fast) allen Ihren Fragen, die nicht einen Wein direkt betreffen, finden Sie entweder im ersten oder im hinteren Teil dieses Buches eine hoffentlich befriedigende Antwort.

Und jetzt viel Spaß!

überblick über die
verkosteten weine

die vier
weinfamilien

weißwein

rotwein

schaumwein

aperitif- und dessertweine

die vier großen
weinfamilien

Auf den ersten Blick scheint alles klar: Weißwein wird aus weißen Trauben gekeltert und Rotwein aus roten. Schaumwein bereichern feine Bläschen und Dessertweine sind süß. Stimmt alles, aber diese simple Definition erfasst den Charakter dieser vier großen Weinfamilien ebenso wenig wie die Feststellung: Wein ist vergorener Traubensaft.

Jede Weinfamilie hat ihre ganz eigene Persönlichkeit, mit einer besonderen Geschichte, spezifischen Herstellungsverfahren, Traditionen und in der Regel auch einer klar umrissenen geografischen Verbreitung.

Spritzigkeit und Eleganz: die Schaumweinfamilie

Erfreuen uns Weißweine mit ihrer Frische und Frucht, so setzen Weine der Schaumweinfamilie noch eins drauf: Sie steigern den frisch-fruchtigen Charakter mithilfe der Perlen. Durch sie explodiert die Frische gewissermaßen im Mund. Grundlage sind hervorragendes Traubengut und eine aufwendige Kellertechnik. Stimmt das alles, entsteht ein Luxusprodukt, in dem sich die Geschenke der Natur mit der Eleganz und Leichtigkeit der Kunst glücklich verbinden.

Frische und Frucht: die Weißweinfamilie

Von weißen Weinen erwarten wir in erster Linie Frische. Sie wachsen in eher kühlen Gegenden, im Norden der Alten und im Süden der Neuen Welt. Dort können die Beeren lange an der Sonne reifen, sodass sie Frucht und Aroma ausbilden, ohne die frische Säure zu verlieren. Meist sind diese Weine jung am besten.

Wärme und Samt: die Rotweinfamilie

Rotweine sind Kinder des Südens. Sie brauchen viel Sonne und Wärme, damit ihre Trauben richtig reif werden. In den blauschwarzen Häuten entwickeln sie dabei ihre vielschichtigen Aromen und das Tannin, das sie später bei der Reifung im Fass und in der Flasche am Leben erhält. Zur frischen Frucht gesellen sich in dieser Ruhezeit weitere sogenannte tertiäre Aromen, die an Leder, Pilze und Wald erinnern. Der ideale Rotwein verbindet in sich Wärme, Samt und Kraft, vielschichtige Duft- und Geschmacksnoten und charaktervolle Tiefe.

Süße und Fülle: die Dessertweinfamilie

Reife Trauben sind süß und voller Aromen, in den Dessertweinen sind diese Schätze in höchster Intensität konzentriert. Im Lauf der Jahrhunderte haben die Winzer für die Herstellung von süßen Weinen verschiedene Verfahren entdeckt. Mit keinem anderen erreicht man aber eine solche Vielfalt an Geschmacksnoten wie mit der Edelfäule.

champagner brut
champagne

Champagner verstehen

Champagner ist nicht nur ein Wein, er ist ein kleines Fest im Glas, er prickelt auf der Zunge und belebt unseren Geist. Man keltert ihn in der Regel aus der weißen Sorte Chardonnay und den beiden roten Traubensorten Pinot noir und Pinot Meunier. So verbindet sich in seiner Persönlichkeit die Eleganz der weißen Trauben mit der Kraft der roten.

Bei den »normalen« Champagnern fehlt die Jahrgangsangabe, weil der Kellermeister jedes Jahr aufs Neue eine Komposition (Assemblage) aus Weinen verschiedener Lagen und Jahrgänge zusammenstellt, die charakteristisch ist für sein Champagnerhaus. In ihr drücken sich der Stil und die Tradition einer Marke aus, die über die Jahre gewachsen sind. Das erfordert ein Höchstmaß an önologischem Wissen und Erfahrung beim Degustieren. Nur in besonders guten Jahren wird aus den besten Trauben ein (teurer) Jahrgangs-Champagner gekeltert. Rosé-Champagner wird wie der normale Champagner hergestellt, allerdings mit einer kleinen Zugabe von rotem Wein. Blanc de Blancs wird ausschließlich aus weißen Trauben (Chardonnay) hergestellt, Blanc de Noirs nur aus roten. »Extra brut« ist knochentrocken, »brut« trocken, »demi sec« halbtrocken und »doux« süß.

VORBEREITUNG

Einkaufen

Champagner gibt es in vielen Stilen. Für unsere Weinprobe ist ein einfacher Champagner ohne Jahrgang aus einem der großen Champagnerhäuser, die man in fast allen Supermärkten und natürlich auch im Fachhandel findet, am besten geeignet. Er sollte zudem »brut«, also trocken sein. Preis: 20–30 Euro.

Ausschenken

Alter: Einfache Champagner sind trinkreif, wenn sie auf den Markt kommen. Sie gewinnen nicht mehr durch Lagerung. Temperatur: Champagner muss gut gekühlt sein (etwa 8 °C).

Champagner genießen

Auge: Den schönen kräftigen Goldton verdankt der Champagner dem Anteil an roten Pinot-Trauben. Je feiner, ruhiger und gleichmäßiger der Strom der Perlen ist, umso höher ist die Qualität. Am schönsten kann man sie in einem hohen schmalen Glas verfolgen, der Flute.

Nase: Champagner verströmt einen Duft nach frischen Früchten (Zitrusfrüchte, Äpfel, Aprikosen, Pfirsiche), weißen Blüten, Haselnüssen, Butter und Baguette.

Gaumen: Im Mund erfrischt er uns mit einer eleganten Säure, die mit den Perlen zu einem seidigen Gefühl verschmilzt. Auch in seiner einfachen Form ist Champagner immer vielschichtig: Komplexe Aromen verbinden sich mit dem Schmelz zu Finesse und Eleganz.

Das passt dazu: Champagner schmeckt als Aperitif oder für sich allein, etwa mit ein paar edlen kleinen Toaststücken mit Lachs oder Garnelen. Er passt aber auch wunderbar zu Austern, Krustentieren oder Fischen mit einer feinen Sauce.

Leitaromen: gelbe Äpfel, Haselnüsse, Baguette

riesling spätlese trocken
rheingau

Riesling verstehen

Der Riesling ist das Geschenk Deutschlands an die Weinwelt. Eine feinere, ja aristokratischere Weißweinrebe gibt es nicht. Und im Rheingau, woher dieser Riesling stammt, stand vielleicht sogar die Wiege der edlen Rebe. Die Bedingungen sind ideal: Der Rhein unterbricht seinen Weg nach Norden und fließt für rund 30 Kilometer exakt von Osten nach Westen und präsentiert so an seinem rechten Ufer einen Hang, der perfekt nach Süden ausgerichtet ist. Der Boden ist reich an Mineralien, und von unten reflektiert der breit dahinfließende Rhein die Sonnenwärme zurück in die Weinberge. Er dämpft so die Hitze des Sommers und die Kälte im Winter. Das Resultat ist ein Wein, den wir gern zum Prototypen der Weißweine krönen.

Leitaromen: grüne Äpfel, weiße Pfirsiche

VORBEREITUNG

Einkaufen

Beim Riesling liegen Beglückung und Enttäuschung oft nah beieinander. Am besten lassen Sie sich im Fachhandel beraten, oder halten sich an einen bewährten Erzeuger. Der Rheingau hat eine eigene Klassifizierung eingeführt, die für Qualität bürgt: das Erste Gewächs. Sie erkennen diese Weine an den drei romanischen Doppelbögen auf dem Etikett. Preis: 10–15 Euro.

Ausschenken

Ein Rheingauer Riesling kann zwar schon jung wunderbar munden, gewinnt aber mit der Reife deutlich an Komplexität. Mindestens 3 Jahre Zeit sollten Sie ihm daher gönnen. Temperatur: Schön kühl, aber nicht kalt sollte er ins Glas kommen (8–10° C). Dann bringt er seine Leichtigkeit und Frische am schönsten zur Geltung.

Riesling genießen

Auge: Man sieht es schon an der Farbe: Ein helles, leicht grünlich schimmerndes Gold verspricht Leichtigkeit und Frische.

Nase: Im Duft öffnen sich reiche und intensive Aromen von knackigen und saftigen Früchten, die genau diese Erwartung erfüllen: weiße Pfirsiche und grüne Äpfel (Granny Smith). Ihre Spitzen werden durch einen Hauch von Aprikose und Honigwürze abgerundet. Den Rheingau als Heimat enthüllt aber ein tiefgründiger Unterton von erdiger Mineralität.

Gaumen: Im Mund attackiert der Rheingauer Riesling unsere Zungenränder mit einer knackigen Säure, viele Winzer mildern diesen Angriff mit einem diskreten Gegengewicht an Restsüße. Diese Balance zwischen Säurespiel und oft kaum wahrnehmbarer Süße ist das Geheimnis der schwebenden Eleganz und Leichtigkeit, die uns an den besten Rieslingen so fasziniert. Die reichen Aromen und der feste Körper klingen lange am Gaumen nach. Rheingauer Riesling in Perfektion bleibt trotz seiner Kraft und Intensität elegant und fast tänzerisch beschwingt. Sein Zauber liegt in der Harmonie und dem Wechselspiel all seiner vielschichtigen Komponenten.

Das passt dazu: Riesling ist als Aperitif ein Genuss, man kann ihn aber auch einfach so trinken. Bei Tisch passt er besonders zu Süßwasserfischen in allen Variationen, vor allem natürlich mit einer Riesling-Sahne-Sauce.

chianti classico toskana

Chianti Classico verstehen

Die Heimat des Chianti Classico liegt im Herzen der Toskana zwischen Florenz und Siena. Nach einer bewegten Geschichte, die ihn durch Höhen und Tiefen geführt hat, gehört er heute zweifellos wieder zu den großen Rotweinen der Welt. Er wird zu mindestens 80 % aus der einheimischen Sangiovese-Traube gekeltert, erlaubt sind aber auch 100 %. Andere rote Rebsorten dürfen bis zu 20 % ausmachen. Früher war sogar ein kleiner Anteil weißer Trauben gestattet, seit 2006 ist das endgültig verboten. Die strenge Kraft und Säure des dominierenden Sangiovese wird meist durch die Zugabe von etwas duftigem Canaiolo oder fleischigem Cabernet Sauvignon gemildert. Den Rest besorgt die Zeit: Nach ein paar Jahren Reifung rundet sich die jugendliche Aggressivität eines jungen Chianti Classico zu milder angenehmer Herbheit.

VORBEREITUNG

Einkaufen
Die durchschnittliche Qualität der bei uns angebotenen Chianti ist recht hoch, man findet guten Chianti Classico im Fachhandel, aber auch im Supermarkt. Die stilistische Vielfalt ist jedoch so breit, dass fachmännische Beratung eine wertvolle Hilfe bietet. Preis: 7–15 Euro.

Ausschenken
Alter: Ein guter Chianti Classico braucht einige Jahre, um seine jugendlichen Ecken und Kanten abzuschleifen. Nach 5 Jahren ist er reif und kann in den nächsten 5 Jahren durchaus nochmals zulegen.
Temperatur: Man sollte einen Chianti Classico nicht zu warm servieren, sonst verliert er an saftiger Frische. Etwas mehr als kellerkühl ist richtig (14–16 °C).

Leitaromen:
schwarze Kirschen, Veilchen

Chianti Classico genießen

Auge: Ein Glas Chianti Classico erfreut schon das Auge mit einem kräftig leuchtenden Rubinrot, das mit der Reife orangefarbene Reflexe annehmen kann.

Nase: Der Duft entfaltet sich nach und nach: Zuerst strömen uns die Aromen von dunklen Kirschen, Pflaumen und einer ganzen Palette roter und schwarzer Beeren entgegen. Dahinter entdeckt man den für Chianti so typischen zarten Duft von Veilchen. Und schließlich herbere Elemente wie Lakritze, Wacholder, aber auch Gewürznelken, Pfeffer und Teer.

Gaumen: Im Mund entfaltet der Wein seine ganze Kraft: Ein in jungen Jahren manchmal ganz schön zupackendes Tannin und die immer saftige und präsente Säure geben Halt und Struktur. Das Gleichgewicht von Frucht, Säure und Tannin verleiht dem Chianti seine Qualität. Sein Charakter ist daher sehr vielfältig, zeichnet sich aber immer durch Temperament und Biss aus und reicht von zart und elegant bis robust und rau.

Das passt dazu: Wie alle großen klassischen Rotweine ist auch der Chianti Classico in erster Linie ein Begleiter beim Essen: Toskanischer Schweinebraten passt ebenso gut wie andere Braten und Schmorgerichte mit dunklem Fleisch. Außerdem Bruschetta, toskanische Salami oder Schinken.

Das Traumpaar Sauternes
und Blauschimmelkäse

sauternes bordeaux

Sauternes verstehen

Die beiden Regionen Sauternes und Barsac liegen im Süden des Bordelais. Hier entstehen die berühmtesten Süßweine Frankreichs, vielleicht sogar der ganzen Welt. Wir verdanken dieses Weinjuwel zwei Faktoren: einer klimatischen Kuriosität und einem Schimmelpilz. Dort, wo das kühle Flüsschen Ciron mit der warmen Garonne zusammentrifft, bilden sich in den herbstlichen Nächten Nebel, die Morgen für Morgen sonnendurchwärmt über den Weinbergen liegen. In dieser saunaähnlichen Atmosphäre kann sich ein Schimmelpilz über die reifenden Trauben legen und sie mit der viel gepriesenen Edelfäule überziehen. Dabei werden die Beerenhäute perforiert, und das Wasser kann aus den Beeren verdunsten. Im Innern konzentrieren sich Zucker, Säure und andere Inhaltsstoffe. Da selbstverständlich nicht alle Stöcke und Trauben gleichzeitig von der Edelfäule befallen werden, sind mehrere Lesedurchgänge notwendig (bis zu zwölf), und die Ernte jedes Durchgangs muss separat vergoren werden. Alles das ist Handarbeit und mit hohem Risiko behaftet. Dass diese Weine ihren Preis haben, leuchtet daher ein. drei Rebsorten tragen mit ihren verschiedenen Eigenschaften zum Genuss bei: Die dünnhäutigen Beeren des Sémillon (70–80 %) sind besonders anfällig für Botrytis, Sauvignon blanc (20–30 %) steuert Frische und Säure bei und die empfindliche Muscadelle Aroma und Duft.

VORBEREITUNG

Einkaufen
Obwohl Sie mit einem Premier oder Deuxième Cru auf der sicheren Seite sind, kann Ihnen der Weinhändler vielleicht eine weniger hoch dekorierte, aber ebenso gute Alternative empfehlen. Preis: 12–25 Euro.

Ausschenken
Alter: Einen Sauternes sollte man frühestens 5 Jahre nach der Ernte öffnen. Diese Weine sind aber unsterblich, denken Sie jetzt schon an Ihre Enkel.
Temperatur: Kellerkühl ist gerade richtig (10–12 °C).

Sauternes genießen

Auge: In der Jugend leuchtet der Sauternes in einem warmen Altgold, später durchläuft er langsam alle Schattierungen von hellem bis zu dunklem Bernstein.
Nase: Aus dem Glas steigt uns eine überwältigende Fülle von Düften entgegen: Zitrusfrüchte, vor allem Orangen und Orangeat, Quitten, Aprikosen, aromatische Äpfel, Lindenblüten, Mandeln, Gewürze (Zimt, Vanille), Toast, Honigsüße, Bienenwachs und vieles mehr. Dazu tritt der ganz spezifische Duft der Botrytis: er ist fein, zart und wie geröstet (franz. »rôti«).
Gaumen: Im Mund breitet sich ein Schluck Sauternes weich, warm und süß aus. Die Süße kann variieren, ist aber immer sehr präsent und braucht als Gegengewicht eine saftige und schmelzende Säure. Botrytisweine haben immer einen hohen Glyceringehalt, er macht sie fett und ölig. Man kann das Tannin der Trauben und der Fässer fühlen, es ist weich und seidig.
Das passt dazu: Der Klassiker schlechthin: Blauschimmelkäse (z. B. Roquefort).

Leitaromen:
Aprikosen, Honig

die vier
weißweinstile

Aus Hunderten verschiedener Rebsorten wird Weißwein gekeltert. Viele sind autochthon, also einheimisch, andere wandern rund um den Erdball und suchen neue Nischen. Jede hat sich an ihre Umgebung mit ihrem Klima und ihren Traditionen angepasst. Die Welt der Weißweine ist im Verlauf der Zeit so unübersehbar groß geworden, dass es selbst Experten schwerfällt, die Übersicht zu behalten. In dieser Verkostung versuchen wir etwas Ordnung und Orientierung zu schaffen.

Frische und Frucht: leichte Weißweine

Die leichten Weißweine stellen in der Regel keine großen Ansprüche, weder an sich selbst noch an den Weingenießer. Sie sind einfach, leicht und bekömmlich. Man muss sie trinken, solange sie jung, frisch und spritzig sind. Sie sind anpassungsfähig und deshalb auch die idealen Alltagsweine, als Aperitif oder als Begleiter einer einfachen Mahlzeit. Das Spektrum ist jedoch recht breit, es reicht von einfachen Karaffenweinen bis zu Weinen mit deutlich mehr Ausdruck und Charakter. In diesem Fall tendieren sie schon zu den mittelschweren Weißweinen.

Körper und Persönlichkeit: mittelschwere Weißweine

Sie sind etwas ernsthafter in ihrem Charakter. Auch bei ihnen heißt das Markenzeichen Frische, die aber von einer ausdrucksvolleren Frucht und einem kräftigerer Körper getragen wird. Sie sind komplexer als ihre leichten Verwandten und verdienen deshalb auch mehr Aufmerksamkeit. In ihnen kommt die Herkunft meist deutlich zum Ausdruck. Jede Region hat ihren eigenen etwas anspruchsvolleren Weißwein. Ausgeschenkt wird er zum Essen, aber auch zu besonderen Gelegenheiten.

Struktur und Subtilität: schwere Weißweine

Dieser Stil hat in den letzten drei Jahrzehnten eine steile Karriere gemacht. Von Kalifornien aus hat er die Welt mit einem Star erobert, dem Chardonnay. Warm, weich und mundfüllend sind die Weine dieser Stilrichtung. Ihre Gemeinsamkeit ist der vollmundige Geschmack reifer exotischer Früchte, gepaart mit einer erfrischenden, weichen Säure und der warmen Süße des Alkohols. Einige Winzer setzen einen zusätzlichen Akzent und bauen die Weine im Eichenfass aus. Das Resultat sind ausgesprochen komplexe Weißweine.

Duftigkeit und Fülle: aromatische und liebliche Weißweine

Ihr faszinierendes Aroma verdanken diese Weine vor allem der primären Frucht der Trauben. Je nach Sorte ist es immer so charakteristisch und unverwechselbar, dass man die Weine eher als eine Gruppe von Solisten denn als eine Familie betrachten kann. Unabhängig davon, ob sie trocken oder lieblich sind, sind die Weine dieser Familie so aromatisch und blumig, dass sie immer leicht süß wirken.

Leitaromen:
grüne Äpfel, Aprikosen,
Limetten

weißburgunder
baden

Weißburgunder verstehen

Der Weißburgunder ist, wie sein Name schon sagt, ein Abkömmling der großen und weitverzweigten Burgunder- oder Pinot-Familie. Ende des 19. Jahrhunderts fand man ihn als Mutation in einem Weinberg von Chassagne-Montrachet im Herzen Burgunds. In Frankreich schenkte man ihm keine besondere Beachtung, nur die Elsässer bauen ihn heute noch in nennenswertem Umfang an, allerdings ohne besonderen Ehrgeiz. Ganz anders in Deutschland: In Baden und in der Pfalz hat der Weißburgunder eine neue Heimat gefunden und entwickelte sich zu einem Wein, der deutlich mehr Ausdruck und Charakter gewinnen kann. Besonders an den warmen Hängen des Kaiserstuhls, am Tuniberg und weiter nördlich im Kraichgau entstehen schöne Weine mit Struktur, Kraft und Schliff. Diese gehören eigentlich nicht mehr wirklich zu den leichten Weißweinen. Manche Winzer experimentieren sogar mit dem Ausbau im Eichenfass.

Weißburgunder genießen

Auge: Meist schimmert der Weißburgunder mit einem hellen, kühlen Goldton im Glas. Wenn er an einem besonders warmen Standort gedeiht, kann er auch etwas mehr Farbe annehmen.

Nase: Sein Duft ist eher subtil und zurückhaltend und erfreut uns mit einer ganzen Palette von delikaten Aromen: Wiesenblumen, Äpfel, Birnen, Aprikosen und Pfirsiche. In den körperreicheren Versionen findet man auch einen Hauch von Ananas, Bananen und Honig.

Gaumen: Wie der Duft ist auch der Geschmack delikat. Eine zarte Säure ergänzt die Aromen mit einer milden Frische.

Das passt dazu: Einfache Weißburgunder trinkt man gern nebenher. Die komplexeren Weine sind gute Begleiter zum Essen: Sie passen besonders gut zu Pasteten und salzigen Käsekuchen.

VORBEREITUNG

Einkaufen
Da die Qualitätsunterschiede relativ groß sind, sollten Sie beim Einkauf unbedingt auf eine Erzeugerabfüllung achten. Im Fachhandel gehen Sie auf Nummer sicher. Vielleicht gönnen Sie sich auch einen Ausflug zum Kaiserstuhl. Preis: 6–12 Euro.

Ausschenken
Alter: Der Charme des Weißburgunders liegt vor allem in seiner jugendlichen Frische. 1–2 Jahre nach der Ernte sollte er getrunken werden.
Temperatur: Man sollte ihn richtig gut kühlen (6–8 °C).

grüner veltliner
kremstal, kamptal, wachau

Grünen Veltliner verstehen

Der Grüne Veltliner ist die österreichische Rebsorte schlechthin. Ein Drittel der Rebfläche des Landes ist damit bestockt, und von den weltweit etwa 25 000 ha, auf denen Grüner Veltliner gedeiht, befinden sich knapp 20 000 ha in Österreich. Der Rest verteilt sich auf die Slowakei und auf Italien. In den beschaulichen Hügeln des Weinviertels und um Wien herum werden leichte, spritzig süffige Weine gekeltert. Man trinkt sie jung im Jahr nach der Ernte. Niederösterreich und besonders die Wachau schenken uns aus dieser Rebsorte aber auch eindrucksvolle Weine von internationalem Niveau. Hier herrschen besondere klimatische und geologische Verhältnisse: In der Wachau bricht sich die Donau ihren Weg durch die Granit- und Gneisfelsen des böhmischen Massivs. Bis zu 400 Meter tief ist der Taleinschnitt, auf dessen schmalen Terrassen Riesling und Grüner Veltliner angebaut werden.

Weiter östlich schließen die Regionen Kremstal und Kamptal an. Hier beruhigt sich die Szenerie etwas. Nach dem dramatischen und spektakulären Durchbruch fließt die Donau durch eine sanftere Landschaft, wo der mineralienreiche Löss meist die harten Urgesteine überdeckt. Wir befinden uns auch klimatisch an einem Schnittpunkt: Von Westen und Norden fließt kühle Luft durch die Region, und von Osten strömt die warme Luft der pannonischen Ebene donauaufwärts bis hinein in die Wachau.

Leitaromen: Grapefruit, Dill, weißer Pfeffer

Einkaufen
Am sichersten gehen Sie mit einer Erzeugerabfüllung eines qualitätsbewussten Winzers. Der Fachhandel kann Sie dabei vor herben Enttäuschungen bewahren. Preis: 8–12 Euro.

Ausschenken
Alter: Jung (1–2 Jahre nach der Ernte) ist Grüner Veltliner frisch und spritzig und so sollte er auch sein. Nur absolute Spitzengewächse können, wie ein Riesling, gut altern.

Temperatur: Stellen Sie die Flasche für 1–2 Stunden in den Kühlschrank, dann hat der Wein die richtige Temperatur (8–10 °C).

Grünen Veltliner genießen

Auge: Wie der Name vermuten lässt, spielt die hellgoldene Farbe des Grünen Veltliners leicht ins Grünliche.

Nase: Auch im Duft dominieren eher die grün-vegetabilen Aromen von Gurken oder Dill. Manchmal meint man auch ein Aroma von Linsen zu erschnuppern. Dazu treten Zitrusfrüchte, besonders Grapefruit und Orangen. Ganz charakteristisch ist der Duft nach weißem Pfeffer, die Österreicher nennen ihn liebevoll »das Pfefferl«.

Gaumen: Im Geschmack ist Grüner Veltliner immer trocken und konzentriert. Seine präsente, frische Säure schenkt ihm eine eindrucksvolle Strahlkraft.

Das passt dazu: Gebratener oder gedünsteter Fisch oder leichte Eierspeisen. Besonders gut zu gekochtem Kalb- oder Rindfleisch mit Meerrettich.

chardonnay kalifornien

Das Weingut Opus One
im Napa Valley

Kalifornischen Chardonnay verstehen

Vor 40 Jahren wurde in Kalifornien der Wein neu erfunden. In den Weingebieten der North Coast steigt die heiße Luft am Tag in die Höhe und zieht dabei kühle Meeresluft vom Pazifik her in die berühmten Valleys hinein. Die Temperaturen eines Tages können also weit auseinanderliegen. Das begünstigt ein langsames Reifen der Trauben und dadurch die intensive Ausbildung von Aromen. Und auf genau diese Intensität waren die kalifornischen Winzer und die amerikanischen Konsumenten aus. Die Weine sollten in jeder Beziehung üppig sein: körper- und alkoholreich, aromaintensiv und gleichzeitig weich und sahnig. Wer noch einen Schritt weiter gehen wollte, legte die Weine für einige Monate ins Eichenholz, um ihnen mit Toast- und Vanillenoten noch mehr Aroma zu geben. Inzwischen haben aber auch die kalifornischen Winzer gelernt, dass Kraft und Üppigkeit nicht alles sind und dass Subtilität, Eleganz und Frische dem Wein erst Profil und Charakter verleihen.

Die aus Burgund stammende Rebsorte Chardonnay wurde schnell zur Königin in den Weinbergen Kaliforniens. Sie eroberte aber nicht nur die Herzen der Winzer und Weinliebhaber Amerikas, ihr Siegeszug ging rund um die Welt.

VORBEREITUNG

Einkaufen
Man findet auch in den Supermärkten erstaunlich gute kalifornische Chardonnays. Den Ausbau im Holz erkennen Sie an der Aufschrift »Barrel aged« auf dem Etikett. Beratung ist aber auch im Supermarkt hilfreich. Preis: 7–12 Euro.

Ausschenken
Alter: Einige (3–5) Jahre Flaschenreifung sind vor allem bei den Weinen mit Holzausbau notwendig, damit sich die Aromen zu einem integrierten Gesamtbild verbinden.
Temperatur: Die füllige Wärme des Weins entfaltet sich am besten, wenn er nicht zu kalt serviert wird. Kellerkühle 10–12 °C sind ideal.

Kalifornischen Chardonnay genießen

Auge: Schon die Farbe dieser Weine ist beeindruckend: ein warmer Goldton, der mal etwas heller, bei den barriquierten Weinen auch etwas tiefer leuchtet.

Nase: Der Duft ist reich, warm und üppig, die Aromen tropischer Früchte mischen sich zu einem exotischen Cocktail: Mangos, Melonen, Ananas und Bananen. Oft treten frische Noten von Äpfeln oder Minze hinzu. Vom Eichenfass stammen Aromen von Toast und Vanille.

Gaumen: Diese Weine füllen den Mund und breiten sich weich und schmelzend darin aus. Man denkt an Butter und Sahne. Dazu braucht es aber ein Gegengewicht: die Säure. Sie sollte saftig und präsent sein und dem Wein Rückgrat verleihen.

Das passt dazu: Diese wuchtigen Weine brauchen einen starken Partner: Fisch mit kräftiger Butter- oder Sahnesauce oder knuspriger Gänsebraten.

Leitaromen:
Mango,
Melonen

gewürztraminer trocken
elsass

Leitaromen: Rosenblätter, Litschis

Gewürztraminer verstehen

Wer einmal ein Glas Gewürztraminer gekostet hat, wird ihn ein Leben lang wiedererkennen, so überschwänglich und unverwechselbar ist sein Duft. Die Rebe stammt wohl aus Tramin in Südtirol und wurde dort schon um das Jahr 1000 erwähnt. Allerdings handelte es sich dabei wahrscheinlich erst um einen Vorfahren des heutigen Gewürztraminers. Vor 400 Jahren musste er seinem wesentlich ertragreicheren Konkurrenten Vernatsch weichen und zog über die Pfalz in seine neue Wahlheimat, das Elsass. Hier findet er einen leichten Boden aus Granit oder kiesigem Kalkstein, der ihn nicht fett, sondern leicht und elegant werden lässt. Und hier findet er auch ein Klima, das ihm ausgesprochen liegt: Es ist hinreichend kühl, die Trauben behalten also die notwendige Säure und Frische, aber auch warm genug, damit sie ihr opulentes Aroma voll entwickeln können. Außer für trockene und liebliche Weine ist die Rebe auch hervorragend für edelsüße Dessertweine geeignet.

VORBEREITUNG

Einkaufen
Achten Sie darauf, dass auf dem Etikett entweder »AOC Alsace« oder »AOC Alsace Grand Cru« mit dem Zusatz »Gewürztraminer« steht. Preis: 7–12 Euro.

Ausschenken
Alter: Gewürztraminer schmecken am besten jung, also 2–3 Jahre nach der Ernte. Nur sehr gute Weine gewinnen auch später noch an Komplexität.
Temperatur: Servieren Sie den Wein kühl mit etwa 8–10 °C.

Gewürztraminer genießen

Auge: Den tiefen Goldton, der uns aus dem Glas entgegenleuchtet, verdankt der Gewürztraminer den kupfer- bis bronzefarbenen Beeren seiner Trauben.

Nase: Man muss das Glas nicht nah an die Nase führen, um zu entdecken, dass der Gewürztraminer einer der aromatischsten Weine der Welt ist: Üppig, überschwänglich, verführerisch duftet er nach Litschis, Rosenblättern, Orangenblüten, exotischen Früchten, manchmal sogar leicht nach Nivea-Creme. Dazu kommen Gewürze wie Zimt und schwarzer Pfeffer.

Gaumen: Damit der Gewürztraminer im Mund nicht einfach nur fett und konturlos Aromaschwaden verbreitet, braucht er ein klares Säuregerüst. Der hohe Alkoholgehalt gibt dem Wein trotzdem Wärme und eine fast ölige Konsistenz. Gewürztraminer hat einen vollen, opulenten Körper und im Idealfall eine wunderbare Balance von aromatischer Wucht und ausgleichender Säure.

Das passt dazu: Klassische elsässische Spezialitäten: Münsterkäse mit Kümmel, Gugelhupf oder Tarte Tatin.

leichte fruchtige
weißweine

Die Weine dieser Familie sind liebenswürdig und anmutig wie bunte Blumen auf der Wiese. Ihre Natürlichkeit ist frisch und unverfälscht. Sie wollen nicht mehr scheinen, als sie sind. Blenden und Angeben ist also nicht ihre Sache, weshalb man ihre Schönheit leicht übersehen kann.

Die meisten leichten Weißen stammen aus den kühleren Regionen Europas. Hier bleiben sie schlank und frisch und entwickeln ihre delikaten Düfte nach Blüten und Früchten. Weiter im Süden findet man den Weinstil seltener, da die Weine in der Wärme körperreicher und üppiger geraten.

Leichte Weißweine erfrischen uns mit einer lebendigen und rassigen Säure. Sie sind süffig und unkompliziert. Trotzdem ist ihre Vielfalt groß: Fast immer handelt es sich um lokal beheimatete Weine, die in jeder Region wieder ein wenig anders schmecken.

Ihre Qualität hat in den letzten zwei bis drei Jahrzehnten gewaltige Fortschritte gemacht. Vor allem Weine dieses Stils profitieren enorm von den modernen Methoden der Weinbereitung im Edelstahltank mit kontrollierter Temperatur bei der Gärung. Auf diese Weise gekeltert können sie blitzblank, sauber und frisch sein, eben wie Wiesenblumen im Morgentau.

Der eigentliche Zauber dieser Weine liegt in ihrer Jugend, schon nach zwei bis drei Jahren verblüht ihre Frische. Man sollte sie deshalb auch nicht länger lagern.

Die leichten fruchtigen weißen Weine drängen sich nicht vor. Sie nehmen es noch nicht einmal besonders übel, wenn man ihnen zwischendurch für kurze Zeit die Aufmerksamkeit entzieht. Daher sind sie ausgezeichnete Begleiter beim Gespräch zu Hause oder in der Gaststätte, wo wir sie gern als Karaffenweine genießen.

Gut gekühlt schmecken sie herrlich erfrischend und durstlöschend, im Sommer auf der Terrasse oder im Garten ebenso wie bei einem sommerlichen Picknick am Waldrand. Bei einem Essen ist ihr bester Platz eher vor oder zu Beginn der Mahlzeit. Als Aperitif eignen sie sich mit ihrer frischen Säure, ihrer Duftigkeit und anmutigen Art wunderbar. Für einen gewichtigeren Hauptgang sind sie dagegen etwas zu leicht.

Leitaromen: frisch gemähtes
Gras, Grapefruit

entre-deux-mers
bordeaux

Entre-Deux-Mers verstehen

Zwei große Flüsse, die Dordogne und die Garonne, durchschneiden die weiten Rebgebiete des Bordelais, bevor sie sich nördlich der Stadt Bordeaux zur Gironde vereinen. Genau zwischen ihnen liegt die idyllische Landschaft des Entre-Deux-Mers. Wie der Name schon sagt, hat man hier tatsächlich das Gefühl, sich zwischen zwei Meeren zu befinden, sogar die Wirkung von Ebbe und Flut ist flussaufwärts bis weit ins Landesinnere hinein spürbar. Die Region wirkt ländlich und leicht verschlafen: Getreidefelder, kleine Wälder und stille Täler wechseln sich mit Weinbergen ab.
Die Weine der Appellation Entre-Deux-Mers werden hauptsächlich aus den Rebsorten Sauvignon blanc, Sémillon und Muscadelle gekeltert. Höchstens 30 % andere Rebsorten sind zugelassen. Seit die moderne Weißweintechnik mit Temperatursteuerung auch hier Einzug gehalten hat, sind die Weine sauber, aromatisch-duftig und frisch.

Entre-Deux-Mers genießen

Auge: Die kühle Frische dieser Weine kündigt sich mit der ins Grünliche spielenden blassen Goldfarbe an.

Nase: Da diese Weine aus mindestens drei verschiedenen Rebsorten komponiert werden, kann ihr Charakter sehr unterschiedlich sein. Dominiert der Sauvignon in der Zusammensetzung, so spielen die Düfte eher in die vegetabile Richtung: Wir riechen frisch geschnittenes Gras, Brennnesselblätter und Stachelbeeren. Herrscht dagegen der Sémillon vor, verströmt der Wein eher blumige (Orangen- und Akazienblüten) und fruchtige Aromen: Zitrusfrüchte (Grapefruit) und Exoten (Melonen, Aprikosen).

Gaumen: Die Weine schmecken immer trocken, frisch und rassig. Ihr Körper ist schlank und elegant, und ihr Aroma klingt noch eine ganze Weile im Mund nach.

Das passt dazu: Fische mit einer Dillsauce, Fisch- oder Kaninchenterrinen und vegetarische Gemüsegerichte.

VORBEREITUNG

Einkaufen
Weine aus dem Entre-Deux-Mers findet man in den meisten Weinhandlungen und auch im Supermarkt. Hüten Sie sich aber vor allzu billigen Angeboten, für 2,50 Euro können Sie einfach keinen guten Wein erwarten. Die Aromen sind dann statt sauber, frisch und duftig meist nur misstönig, heftig und ordinär. Preis: 6–10 Euro.

Ausschenken
Alter: Diese duftigen Weine sind jung am besten. Nach 2 Jahren sollten sie getrunken sein.
Temperatur: Beschlägt die Flasche leicht, wenn man sie aus dem Kühlschrank holt, stimmt die Temperatur (6–8 °C).

vernaccia di san gimignano
toskana

Vernaccia di San Gimignano verstehen

Gleich an zwei Orte, die Italien-Freunden Herzklopfen verursachen, erinnert der Vernaccia di San Gimignano: an das toskanische Bilderbuchstädtchen San Gimignano mit seinen Geschlechtertürmen, an dessen Hügelflanken dieser Wein auf hellen Sandstein-, Tuff- und Lehmböden wächst. Und an Vernazza in den ligurischen Cinque Terre, woher die Vernaccia-Rebe ursprünglich stammen soll.

Der Vernaccia di San Gimignano ist sicher er berühmteste Weißwein der Toskana. Von diesem Ruf profitieren leider nicht nur qualitätsbewusste Winzer, sondern auch all die anderen, denen vor allem der Durst der vielen Touristen am Herzen liegt, die das malerische Städtchen im Sommer Tag für Tag belagern. Es gibt daher wohl wesentlich mehr einfache und wenig aufregende Weine, die dem klangvollen Namen keine Ehre machen, als solche, wie wir sie suchen. Stimmt aber alles, so begegnen wir im Glas einem Wein mit eindrucksvollem Charakter und italienischer Eleganz. Einige Winzer experimentieren sogar mit dem Ausbau im Eichenfass, um dem Wein noch mehr Komplexität und Tiefe zu verleihen, was nicht jedermanns Geschmack sein muss.

VORBEREITUNG

Einkaufen
Um Vernaccia di San Gimignano kennenzulernen, empfehlen wir Ihnen, einen nicht im Barrique ausgebauten Wein zu wählen. Die bei uns in den Weinhandlungen und manchmal auch in Supermärkten angebotenen Weine sind meist von zuverlässiger Qualität. Preis: 8–12 Euro.

Ausschenken
Alter: Der einfache Vernaccia di San Gimignano kommt schon im März des Folgejahres auf den Markt und ist dann auch bald trinkreif. Die Riserva muss 18 Monate im Keller (davon mindestens 4 in der Flasche) lagern, bevor sie verkauft werden darf. Sie kann aber sicher nochmals 2–3 Jahre lang an Komplexität gewinnen.
Temperatur: Die einfachen Weine sollten gut gekühlt (6–8 °C) ausgeschenkt werden. Eine Riserva schmeckt bei 8–10 °C am besten.

Vernaccia di San Gimignano genießen

Auge: Je nach Art des Ausbaus kann die Farbe des Vernaccia von hellem Gelb bis zu einem beeindruckend tiefen Goldton reichen.

Nase: Er duftet intensiv nach blühenden Obstbäumen, Birnen, Äpfeln und Mandeln. Besonders in Riserva-Versionen kommen noch gehaltvollere Aromen von Orangen und Honigwaben dazu.

Gaumen: Im Geschmack ist er immer trocken, aber auch weich und von einer saftigen Säure getragen. Eine angenehme Bitterkeit begleitet seinen Abgang.

Das passt dazu: Tomaten mit Mozzarella, Basilikum und Oliven, Rindfleisch-Carpaccio mit Parmesan und Olivenöl und gebratener oder gegrillter Fisch.

Leitaromen: aromatische Äpfel, weiche saftige Birnen, Mandeln

Rebterrassen am Genfer See

schweizer chasselas
genfer see

Chasselas verstehen

Die Herkunft der Chasselas-Rebe liegt bis heute im Dunklen. Vielleicht stand ihre Wiege in Ägypten oder in der Nähe von Konstantinopel, vielleicht aber auch im Wallis oder am Genfer See, wo sie sich heute besonders heimisch fühlt. Sicher ist aber eines: Chasselas zählt zu den ältesten Rebsorten der Welt. Sie kann das Terroir ihrer Herkunft wunderbar zum Ausdruck bringen. Überall schmeckt Chasselas ein wenig anders, entsprechend vielfältig ist auch sein Charakter. Kenner finden nach dem ersten Schluck mit großer Sicherheit die Region oder sogar die Gemeinde heraus, aus der der Wein stammt. Am Neuenburger See und an den westlichen Ufern des Genfer Sees, der La Côte, gerät er blumig-fruchtig, im Lavaux, an den steilen Hängen des östlichen Genfer Sees, eher mineralisch und komplex, und im Wallis schließlich körper- und alkoholreich.

Mit seinen diversen Namen sorgt der Wein immer wieder für Verwirrung: In der Schweiz heißt er eigentlich Chasselas, im Wallis aber Fendant und im badischen Markgräflerland schließlich Gutedel.

Chasselas genießen

Auge: Nach dem Einschenken schwimmt oft ein dünner, sahniger Schaum von winzigen Bläschen über dem hellen Strohgelb des Weins, der schnell wieder vergeht. Dieser Hauch von Kohlensäure macht die Weine am Gaumen spritzig und unterstreicht ihre Frische.

Nase: Im Duft sind die Weine oft überraschend komplex mit Noten von Zitrusfrüchten, Äpfeln und Birnen, aber auch weicheren Aromen von Honig, Lindenblüten und Melonen. Wenn sie auf steinigen Böden wachsen, ist oft eine deutliche Mineralität erkennbar. Man riecht die Steine geradezu.

Gaumen: Ihre Säure gibt ihnen Rasse, ist aber nie aggressiv oder spitz, sondern immer angenehm weich. Oft schließt ein edler Bitterton das Gesamtbild charaktervoll ab.

Das passt dazu: Süßwasserfische, besonders gebraten auf Müllerin-Art, und natürlich Schweizer Käsespezialitäten wie Raclette oder Fondue.

Leitaromen: weiche reife, saftige Birnen, Zitronen, Mandeln

vinho verde portugal

Vinho Verde verstehen

Dieser Wein führt uns in den äußersten Nordwesten Portugals. Der nahe Atlantik dämpft hier die Hitze der iberischen Halbinsel auf ein erträgliches Maß. Nebel und Regen machen die Region zum grünen Garten Portugals. Überall wächst Gemüse, Mais, Obst und natürlich Wein. Vor allem in den vielen kleinen Rebgärten findet man auch heute noch malerische Pergolen, wo die Reben über hohe Holzgerüste wuchern oder ganz ursprünglich in luftiger Höhe von Baum zu Baum wachsen. Der Vorteil: Die Trauben werden gut belüftet und sind damit im feuchtwarmen Klima der Region weniger der Gefahr von Fäulnis ausgesetzt. Allerdings laufen die Weinbauern Gefahr, dass die Trauben im Schatten des Laubes nicht komplett ausreifen. Moderne Winzer ziehen die Reben deshalb heute meist an einfachen Drahtrahmen.

Obwohl der Vinho Verde im Glas leicht grünlich schimmert, verdankt er den Zusatz »verde« nicht seiner Farbe, sondern seiner Jugendlichkeit, in Portugal findet man sogar einen roten Vinho Verde. Im Gegensatz zu den Weinen des Zentrums oder des Südens, die reif, »maduro«, getrunken werden, ist der Vinho Verde am besten jung und spritzig, eben »verde«. Er kann aus einer Vielzahl von Rebsorten gekeltert werden, die besten Weine werden aber aus der Alvarinho-Rebe, die im spanischen Rías Baixas, Albariño heißt, bereitet.

VORBEREITUNG

Einkaufen
Die besten Weine sind ganz oder doch überwiegend aus der Alvarinho-Traube gekeltert. Achten Sie beim Einkauf darauf. Oder gehen Sie gleich auf Nummer Sicher und kaufen den Wein im Fachhandel. Preis: 5–8 Euro.

Ausschenken
Alter: Wenn schon »verde«, dann auch wirklich »verde«, also frisch und jung. Älter als 18 Monate nach der Ernte sollten die Weine nicht werden.
Temperatur: Richtig schön kühl (6–8 °C) schmeckt Vinho Verde am besten.

Vinho Verde genießen

Auge: Vinho Verde schimmert meist hell und grünlich-frisch im Glas, man spürt in diesem Auftritt bereits seinen anregend-spritzigen Charakter und seine lebendige Persönlichkeit. Manchmal wird diese durch leichte Perlen im Wein unterstrichen.

Nase: Sein Duft kommt uns schon entgegen, bevor wir das Glas an die Nase führen. Er ist intensiv aromatisch und setzt die frischen Farbnuancen mit Aromen von saftigen grünen Äpfeln, abgeriebener Zitronenschale und Grapefruit fort. Dazu treten oft pflanzliche Noten von Kräutern und Holunderblüten. Ein etwas wärmerer Duft von reifen Birnen rundet das Bild ab.

Gaumen: Im Mund erfrischt uns eine knackige Säure, die einige Erzeuger mit etwas Restsüße abfedern. In der Regel sind Vinho Verde aber knochentrocken.

Das passt dazu: Natürlich Tapas, aber auch gegrillter Meeresfisch, Vitello tonnato und Manchego-Käse.

Leitaromen: abgeriebene Zitronenschale, grüne Äpfel

mittelschwere
weißweine

Die Weine dieser Stilrichtung haben schon deutlich mehr Stil, Charakter und Persönlichkeit als die Gruppe der leichten Weißweine. Sie verlangen daher auch mehr Aufmerksamkeit, man kann sie nicht mehr einfach so nebenbei genießen. Und dennoch drängen sie sich nicht über Gebühr vor. Sie wollen nicht dominieren, sondern mitmachen. Das entspricht auch ihrer Rolle am Tisch: Dort ist ihr Platz, sie sind die klassischen Essensbegleiter.

Wein war immer in erster Linie Nahrungsmittel und Getränk, das zum Essen gehörte. Alle klassischen Weine, ob rot oder weiß, dienten diesem Zweck. Sie sollten mit den Speisen der Region harmonieren, den Appetit stärken und die Verdauung fördern. Aus diesem Bedürfnis heraus entwickelten sie in jeder Gegend ihren eigenen Stil, mit einer besonderen Persönlichkeit und einem unverwechselbaren Charakter. Nur so können sie sich bei Tisch Gehör verschaffen und mit den einzelnen Gerichten auf dem Teller ins Gespräch kommen, sie ergänzen und begleiten.

Als Partner suchen sie Harmonie, und so ist die Harmonie auch einer ihrer typischsten Wesenszüge. Frucht, Säure, Körper und Alkoholgehalt zeigen zwar durchaus eine gewisse Kraft und Prägnanz, stehen aber in einem ausgewogenen, eben harmonischen Verhältnis zueinander.

Meist stammen die mittelschweren Weine aus traditionsreichen Anbaugebieten, wo sich über die Jahrhunderte hinweg ein individueller und einzigartiger Stil entwickelt hat. Viele typische Weine dieser Gruppe stammen deshalb aus Europa und aus den klassischen Weinländern Frankreich, Italien, Deutschland und Spanien.

Nur die leichteren und etwas säurereicheren Mitglieder dieser Familie eignen sich als Aperitif. Alle übrigen entfalten sich am besten beim Essen. Bei der Auswahl der Gerichte sollte man immer respektieren, dass jeder Wein fest in der Region verankert ist, aus der er stammt. So spricht ein italienischer Wein Italienisch, ein deutscher Deutsch und ein französischer Französisch. Und jeder von ihnen fühlt sich am wohlsten, wenn der Partner auf dem Teller dieselbe Sprache spricht.

silvaner franken

So schenkt man aus der Bocksbeutelflasche ein

Silvaner verstehen

Eingebettet in die Höhen des Mittelgebirges liegt Franken, ein kleines Reich für sich. Das Klima ist rauer als im Süden Deutschlands, und der Weinbau zieht sich in die geschützteren Täler zurück. Der Riesling fühlt sich in diesem kühlen Umfeld nicht mehr so recht wohl. An seine Stelle tritt Silvaner, eine Rebsorte, die nach dem Dreißigjährigen Krieg aus Österreich hierherkam und sich in der Folge zur Leitsorte Frankens entwickelt hat. Nur hier, in den vielen Windungen und Nischen entlang des Mains erbringt Silvaner echte Spitzenweine.

Das Kernland Frankens ist das sogenannte Maindreieck mit der Barockstadt Würzburg als Zentrum. Hier besteht der Untergrund aus dem Muschelkalk, der den Weinen den charakteristischen erdigen Ton mitgibt. Es sind Weine, die in ihrer trockenen, stahligen Art viel eher an die Weine aus dem Norden Frankreichs, etwa an Chablis, denken lassen als an die blumig-fruchtigen Rieslinge aus dem Rhein-Mosel-Gebiet.

Silvaner erschließt sich nicht jedem Weinliebhaber auf Anhieb. Man muss seinen manchmal etwas kompromisslosen Charakter ergründen, um ihn verstehen und schätzen zu lernen.

Frankenweine sind etwas Besonderes, sie zeigen das auch in ihrem Äußeren, der typischen Bocksbeutelflasche, die seit 1989 in der EU geschützt ist. Beim Einschenken muss man sich erst an die Form gewöhnen: Man legt die Flasche in die Hand, greift mit dem Daumen über den Boden zum Etikett und schenkt über die flache Seite ein.

Leitaromen: Grapefruit, Stachelbeeren

Silvaner genießen

Auge: Seine Farbe ist von einem hellen Gold mit grünlichen Reflexen.

Nase: Im Duft gibt er sich eher zurückhaltend. Man entdeckt aber bei genauerem Forschen eine ganze Palette subtiler Aromen: grüne Äpfel, Grapefruit, gelbe Pflaumen, Quitten, ja sogar Melonen. Seine eigentliche Persönlichkeit enthüllt er aber in den eher pflanzlich-gemüsigen Noten: Stachelbeeren, Sellerie, Tomatenblätter, Kürbis. Typisch für alle Frankenweine ist der erdige Unterton.

Gaumen: Im Mund sind diese Weine trocken, oft sehr trocken, man spricht geradezu von »fränkisch trocken«. Dazu tritt eine kernige Säure und ein fester, dichter Körper. In den besten Vertretern verbinden sich Subtilität, Kraft und Eleganz.

Das passt dazu: Die pflanzlichen Aromen des Silvaners harmonieren sehr gut mit Gemüsegerichten, ja sogar mit den eher schwierigen Sorten Artischocken und Spargel.

VORBEREITUNG

Einkaufen
Um den Charakter eines fränkischen Silvaners wirklich kennenzulernen, sollten Sie unbedingt einen trockenen Wein auswählen. Die Vielfalt der Erzeuger und Varianten ist allerdings so groß, dass eine Beratung im Fachhandel empfehlenswert erscheint. Preis: 8–12 Euro.

Ausschenken
Alter: Gute Frankenweine können sehr schön altern, die einfacheren Versionen sind jedoch schon nach 2–4 Jahren am besten. Temperatur: Kühl, aber nicht kalt sollte der Wein beim Einschenken sein (8–10 °C).

grauburgunder pfalz

Leitaromen:
Orangenblüten, reife
aromatische Äpfel

Grauburgunder verstehen

Der Grauburgunder entstammt der ausgesprochen vornehmen, alten und weitverzweigten Familie der Pinots, deren edelste Vertreter im Burgund die erlesensten Weine der Welt hervorbringen. Anfang des 18. Jahrhunderts wurde in Speyer eine etwas hellere Mutation des blauen Spätburgunders entdeckt, die zunächst den Namen ihres Entdeckers, Ruländer, erhielt und zum Teil bis heute behalten hat. Die Trauben können ihre Herkunft von einer blauen Traube nicht verbergen; sie zeigen alle Farbschattierungen von hellem Graurot bis hin zu dunklem Kupfer. Der Grauburgunder liebt ein warmes Klima, das es den Trauben erlaubt, bis tief in den Herbst hinein zu reifen und ihre reichen Aromen auszubilden. In den wärmsten Ecken Deutschlands, in Baden und in der Pfalz, fühlt er sich deshalb besonders wohl. Hier im Süden Deutschlands hat sogar fast so etwas wie eine kleine Grauburgunder-Renaissance eingesetzt. Der Grauburgunder ist eine erstaunlich talentierte Rebsorte. Das Spektrum der Stile geht von traditionell zubereiteten, körperreichen, schweren Weinen, die auch mal 15 Vol.-% Alkohol erreichen können, bis zu gehaltvollen und dennoch eleganten lebendigen Tropfen, die die Hand eines modernen Winzers verraten. Viele Kellermeister versuchen nach burgundischem Vorbild einen Ausbau im Barrique, was die Weine um Noten von Butter, Vanille und Biskuit bereichert.

VORBEREITUNG

Einkaufen
Die besten Grauburgunder stammen aus der südlichen Pfalz. Die Stilrichtungen reichen von trocken bis lieblich, für diese Runde brauchen Sie aber unbedingt einen trockenen Grauburgunder. Am direktesten begegnet man der Eigenart des Grauburgunders natürlich in einer Version, die nicht im Barrique ausgebaut wurde. Preis: 8–12 Euro.

Ausschenken
Alter: Grauburgunder ist schon bald nach der Ernte trinkreif. Barriquierte Weine brauchen etwas länger (3–4 Jahre), bis die verschiedenen Komponenten gut integriert sind.
Temperatur: Diese Weine strahlen Wärme und Fülle aus, sie dürfen deshalb nicht allzu kalt serviert werden. 10–12 °C sind gerade richtig.

Grauburgunder genießen

Auge: Der tiefe Goldton und die oft fast ölige Konsistenz des Weins verraten die Nähe zum Pinot noir. Manchmal kann man sogar einen leicht rosafarbenen Schimmer entdecken.

Nase: Sein Duft ist voll und sanft. Wir entdecken die Aromen von Orangenblüten, reifen aromatischen Äpfeln, Zitrusfrüchten, Melonen und Ananas. Darunter legt sich oft ein Teppich von Duftnoten, die an Nüsse, Honig, Bienenwachs, Rauch und Butter erinnern.

Gaumen: Üppig, rund und weich füllt er den Mund, seine Säure spürt man deutlich. Sie ist zwar ebenfalls reif, weich und sanft, schenkt dem Wein aber auch die Frische, die er braucht, um seinen reichen Körper auszubalancieren.

Das passt dazu: Fleisch-, Gänseleber- oder Geflügelpastete mit Sauce Cumberland, Fisch mit üppiger Weißwein- oder Buttersauce und weiche Käsesorten (Brie, Camembert).

Weinberge oberhalb von Tufo

greco di tufo
kampanien

Greco di Tufo verstehen

Der Name dieses Weins verrät viel über seine Herkunft und Geschichte. Es waren tatsächlich die Griechen, die die Rebsorte Greco bianco vor 2500 Jahren ins Hinterland von Neapel gebracht haben. In eine Gegend, die wegen ihrer Fruchtbarkeit bis heute »Campania felix«, glückliches Kampanien, genannt wird. Hier wurde sie heimisch, und hier wird aus ihr heute noch einer der interessantesten Weißweine Süditaliens gekeltert, der Greco di Tufo. Tufo heißt er nach einem kleinen Bergstädtchen nördlich von Avellino, dessen Name sich von den vulkanischen Tuffgesteinen ableitet, die hier die Landschaft prägen. Sie verleihen den Weinen Festigkeit und Langlebigkeit. Die Reben steigen bis auf über 700 Meter über Meereshöhe. Hier herrscht die notwendige Kühle, die den Trauben eine lange Reifezeit ermöglicht. Und die brauchen sie, um ihre reichen Aromen zu entwickeln, ohne an Frische zu verlieren.

In der Regel werden dem Greco bianco bis zu 15 % einer anderen einheimischen Rebsorte beigemischt, die auf den seltsamen Namen Coda di Volpe, Fuchsschwanz, hört. Auch ihre Wurzeln reichen weit in die Antike zurück. Sie schenkt dem Wein zusätzlichen Körper.

Greco di Tufo genießen

Auge: Der Greco di Tufo begegnet uns im Glas mit einem eher blassen Hellgelb.
Nase: Delikat und sauber duftet er nach Pfirsichen, reifen aromatischen Äpfeln wie Cox Orange und Mandeln.
Gaumen: Im Mund spürt man seine Herkunft aus dem mineralienreichen Hügelgebiet: Er schmeckt mineralisch und trocken. Eine schöne, frische Säure gibt ihm den inneren Halt.
Das passt dazu: Fritto misto di pesce (gemischte frittierte Fische), gegrillte Scampi oder Pasta mit Meeresfrüchten.

VORBEREITUNG

Einkaufen
Greco di Tufo findet man bei uns selten außerhalb des Fachhandels. Besonders zwei große Erzeuger produzieren typische Weine. Auf sie kann man sich ohne Risiko verlassen: Feudi di San Gregorio und Mastroberardino. Preis: 8–12 Euro.

Ausschenken
Alter: Man sollte dem Greco di Tufo mindestens 2–3 Jahre Flaschenreife gönnen, so gewinnt er deutlich an Duft und Nuancen.
Temperatur: Diese Weine mögen es kühl, aber nicht zu kalt, sonst verlieren sie ihren Duft (8–10 °C).

Leitaromen:
Pfirsiche, aromatische
Äpfel, Mandeln

soave classico superiore
veneto

Soave verstehen

Nomen est omen. Das italienische »soave« bedeutet sanft und weich und trifft damit den Charakter dieses Weins ziemlich genau. Auch wenn sich der Name des Städtchens Soave nördlich von Verona wahrscheinlich von den Schwaben ableitet, die sich hier in grauer Vorzeit niedergelassen haben. Die Weinberge liegen an den Hängen einer alten vulkanischen Hügelzone, die dem Wein ihren Reichtum an Mineralien und jede Menge Sonne schenkt. Leider wurde dem Soave sein Erfolg zum Verhängnis. Die Nachfrage stieg, und die alte Kernzone (das Classico-Gebiet) wurde Ende der 60er-Jahre wesentlich erweitert. Heute stehen auch unten in der Ebene Reben, dort wo früher der Bauer pflügte und die Kühe grasten. Entsprechend dünn und nichtssagend sind die Weine aus diesem Rebgut, die bis heute die Regale der Supermärkte füllen. Kein Wunder also, dass sich viele Weinliebhaber enttäuscht von diesem Trauerspiel abgewandt haben. Aber aufgepasst, es gibt sie noch und zwar mit steigender Tendenz: Winzer, die sich gegen diese Massenproduktion stellen.

Der Soave wird zu mindestens 70 % aus der einheimischen Garganega-Traube gekeltert. Sie gibt ihm den unvergleichlichen Duft und Schmelz. Die Rebe birgt aber auch eine Gefahr: Da sie außerordentlich wuchskräftig ist, muss ihr Ertrag vom Winzer konsequent im Zaum gehalten werden. Besonders strenge Vorschriften regeln die Ertragsbeschränkung bei den Superiore-Weinen.

Leitaromen: Birnen, Mandeln

VORBEREITUNG

Einkaufen
Es muss unbedingt ein Soave Classico sein, am besten sogar ein Superiore. Meiden Sie den Supermarkt. Ihr Fachhändler weiß auch, dass einige der besten Produzenten ihre Weine gar nicht als Soave verkaufen, weil sie sich von der Massenware, die unter diesem Namen im Angebot ist, distanzieren wollen. Preis: 6–10 Euro.

Ausschenken
Alter: Die gut strukturierten Weine aus dem Classico-Gebiet können 2–3 Jahre mit Gewinn altern.
Temperatur: Schön kühl, aber nicht zu kalt schmeckt Soave am besten (8–10 °C).

Soave genießen

Auge: Ein Soave Classico Superiore strahlt im Glas mit einem hellen Goldton.

Nase: Er verströmt einen delikaten Duft, der uns an saftige Birnen, Mirabellen und Mandeln erinnert. Interessant ist, dass sich zwischen diese warmen Aromen auch Noten von frischen Kräutern wie Basilikum mischen können.

Gaumen: Im Mund fühlt er sich weich an, wird aber von einer frischen Säure belebt. Soave ist lebendig und elegant, anmutig und fein. Eben sanft und weich, »soave«.

Das passt dazu: Gebratener oder gegrillter Fisch, gebratenes Geflügel oder helles Geflügel- oder Kalbsragout.

schwere weißweine

Der Prototyp dieses Weinstils stammt aus Burgund. Hier reifen in den kühlen Kellern Weine aus der einheimischen Chardonnay-Traube über zehn, 15 und mehr Jahre hinweg zu einmaliger Größe und Finesse heran. Diese majestätischen Weine verbinden Struktur und Kraft mit Subtilität und Sinnlichkeit. Das Geheimnis ihrer Magie wird wohl nie ganz gelüftet werden, ein Aspekt liegt jedoch sicher in der langen Lagerung im Eichenholz.

Die Verbindung von Chardonnay und Eichenholz haben jenseits des Atlantiks kalifornische Winzer aufgegriffen und zu einem neuen Weinstil weiterentwickelt. Ihr oberstes Ziel war allerdings nicht mehr Harmonie und Gleichgewicht, sondern Konzentration: Sie kelterten Weine, deren Duft und Geschmack mit den üppigen Aromen tropischer Früchte überwältigten, die verführerisch weich waren und fast schon süß wirkten.

Seit den 60er- und 70er-Jahren eroberte dieser Stil Kalifornien und von da aus die ganze Neue Welt. Seit diesen Pionierzeiten ist viel geschehen. Die Neue Welt hat gelernt, dass Konzentration nicht alles ist, die Weine sind schlanker, frischer und eleganter geworden. Zwar bleiben sie reich und üppig, ihre Aromen werden aber subtiler, die Frische der Säure gibt ihnen mehr Struktur, und neben die Konzentration tritt die Komplexität.

Und in Europa? Hier hat man diese amerikanisch-draufgängerische Interpretation des Chardonnay mit gemischten Gefühlen beobachtet. Vor allem im Süden Europas hat sie die Winzer aber auch angesteckt. An vielen Orten werden seither Weine mit einem etwas reicheren Stil bereitet und ins kleine Holzfass gelegt.

Doch auch hier ist die Wende gekommen: Der internationale Weinstil, der sich plötzlich überall breitzumachen drohte, hat eine deutliche Gegenbewegung geweckt. ABC heißt sie: Anything but Chardonnay. Viele Weinliebhaber entdeckten, dass auch unter den einheimischen weiße Rebsorten echte Schätze verborgen waren. Sie mussten nur gehoben werden, um mit ihnen dem Bedürfnis nach mehr Fülle und Konzentration zu entsprechen, ohne damit den Reichtum und die Vielfalt an regionalen Rebsorten und Stilen zu opfern.

Die Weine dieses Stils haben einen starken Charakter, um ihnen Paroli zu bieten, brauchen sie einen ebenso starken Partner. Die Weine sind weich, üppig und schmelzend. Ihre leichte Süße oder Buttrigkeit kann sie mit den Gerichten verbinden, zum Beispiel mit Vorspeisen aus Blätterteig oder Fischen mit einer üppigen Weißwein-Butter-Sauce. Besonders wohl fühlen sie sich auch an der Seite eines großen Geflügelbratens wie Gans und Ente, mit pochiertem Fleisch wie Tafelspitz oder mit der selbst leicht süß schmeckenden Leber.

Leitaromen:
Aprikosen, Pfirsiche,
Akazienblüten

viognier südfrankreich

Viognier verstehen

1968 gab es in Frankreich gerade noch 14 ha Weinberge, die mit der schwierigen und etwas kapriziösen Viognier-Rebe bepflanzt waren. Der größte Teil davon lag in der Appellation Condrieu an der nördlichen Rhône. In den 90er-Jahren kam der Wein jedoch plötzlich in Mode und wurde entsprechend teuer. Heute gibt es in ganz Südfrankreich wieder namhafte Bestände, besonders auch im Languedoc-Roussillon. Die Begeisterung für den Viognier hat selbst die Neue Welt, insbesondere Kalifornien und Australien, angesteckt.

Über die Abstammung des Viognier wurde viel gerätselt, aber erst neuere DNA-Analysen konnten etwas Licht ins Dunkel bringen. Sie deckten zur allgemeinen Verwunderung eine Verwandtschaft mit der Nebbiolo-Rebe auf, aus der bekanntlich so ganz anders geartete Weine wie der Barolo gekeltert werden.

Viognier-Weine sind alkoholreich, eher säurearm und leben von ihrem verführerischen Duft. Das stellt die Winzer vor eine schwierige Aufgabe: Ernten sie zu früh, hat sich der Duft noch nicht entwickelt, ernten sie zu spät, geht die Säure verloren. Für uns Weingenießer steht eines fest: Viognier muss man jung trinken, sonst passiert ihm das gleiche in der Flasche; Duft und Säure ermatten, der Wein wird müde und ist schon bald nur noch ein Schatten seiner selbst.

Viognier genießen

Auge: Helles bis etwas tieferes Gold.

Nase: Die Verführungskraft des Viognier liegt in seinem unergründlich-sinnlichen Duft. Vollreife Aprikosen und Pfirsiche bilden darin eine Art Kern, um den sich eine Wolke von süßen, schweren Blütendüften legt: Akazien, Jasmin, Maiglöckchen. Dazu treten Zitrusnoten, Gewürze, Moschus und Honig. Dieser betörende Duftcocktail ist einzigartig. Hier zeigen sich denn auch die Stärken und Schwächen des Produzenten. Er muss es schaffen, dass Subtilität und Finesse trotz der betörenden Fülle nicht verloren gehen, denn ein ordinäres Zuviel kann leicht abstoßend wirken.

Gaumen: Viognier fühlt sich im Mund schmelzend-sahnig und doch würzig an. Dieser Eindruck wird unterstützt und verstärkt durch den immer recht hohen Alkoholgehalt: 13 Vol.-% sind die Regel, 15 Vol.-% nicht selten. Eine meist eher zurückhaltende Säure versucht diesem Gewicht standzuhalten.

Das passt dazu: Rühreier, Kürbissuppe, Fischgerichte mit Hummersauce, Entenbraten.

VORBEREITUNG

Einkaufen
Immer noch stammen die besten Weine aus Condrieu, aber sie sind sündhaft teuer geworden. Sehr gute Viognier-Weine kommen aus ganz Südfrankreich, besonders dem Languedoc-Roussillon und dem Rhône-Tal. Preis: 8–15 Euro.

Ausschenken
Alter: Viognier aus allen Anbaugebieten und selbst in den besten Qualitäten ist jung, das heißt 1–2 Jahre nach der Ernte am besten.
Temperatur: Sein Duft entfaltet sich bei einer Temperatur von 10–12 °C erst richtig. Er darf auf keinen Fall kühler sein.

semillon australien

Das Hunter Valley,
die neue Heimat des Semillon

Australischen Semillon verstehen

Die Rebsorte Semillon hat viele Gesichter. Auf der einen Seite ist die wuchs-
kräftige Rebe die Quelle vieler gesichtsloser Allerweltsweine aus der Alten und
der Neuen Welt. Auf der anderen Seite trägt sie den Löwenanteil zu den weltberühmten Süßweinen aus dem Bordelais bei, den Sauternes und den Barsacs.
Im feuchten Hunter Valley im australischen New South Wales hat sie eine
neue und ganz eigenständige Identität gefunden. Dieses verregnete Tal erlaubt
es ihr, einerseits ihre Trauben zur vollen Reife zu bringen, andererseits aber
auch eine kräftige Säure zu erhalten. Dank dieser Säure können die Weine von
dort mehrere Jahre altern und reifen und dabei zu wahrer Größe heranwachsen.
In den beiden Regionen Barossa und Clare Valley wird ebenfalls Semillon gepflanzt. Die daraus gewonnenen
Weine sind fruchtiger und besitzen in der Regel nicht das gleiche Reifungspotenzial. In allen diesen Regionen
werden die Weine oft im Eichenfass weiter ausgebaut, was geschmacklich eine weitere Dimension eröffnet.
Vielfach kommen dafür allerdings statt Fässern nur die zweifelhaften Eichenchips zum Einsatz.

VORBEREITUNG

Einkaufen
Suchen Sie nach einem Wein aus den genannten Anbaugebieten (Hunter, Barossa, Clare Valley). Sicher gut beraten
werden Sie im Fachhandel, man kann aber auch im Supermarkt sehr ansprechende Weine entdecken. Preis: 6–12 Euro.

Ausschenken
Alter: Gute Weine gewinnen 3–4 Jahre lang deutlich an Komplexität.
Temperatur: Kühlen Sie diese gehaltvollen Weine nicht zu stark, ihre Aromen können sich dann nicht richtig entfalten.
10–12 °C sind genug.

Semillon genießen

Auge: Semillon besitzt eine attraktive goldene Farbe, die sich mit der Reife vertieft.

Nase: Junger Semillon kann etwas eindimensional nach frischen Zitrusfrüchten duften, mit der Reife öffnet sich
dann eine komplexe Palette exotischer Früchte (Ananas und Mangos), Aprikosen, Honigwaben und Walnüssen.

Gaumen: Im Mund wirkt dieser Wein rund und füllig. Ein kräftiger Säurekern gibt ihm inneren Halt und eine
feste Struktur. Reife Weine entwickeln eine ausgesprochene Finesse und Eleganz.

Das passt dazu: Diese Weine sind gehaltvoll und vermählen sich deshalb am besten mit eher kräftigen Gerichten:
Fische mit üppiger Sauce, kräftig gewürztes helles Fleisch oder Geflügel.

Leitaromen: Aprikosen,
Ananas, Walnüsse

marsanne roussanne
midi

Marsanne Roussanne verstehen

Die beiden Rebsorten Marsanne und Roussanne sind so eng miteinander verbunden wie ein Zwillingspaar, das sich gleicht, miteinander konkurriert und sich auch ergänzt. Ihre Heimat liegt an der nördlichen Rhône. Von hier aus haben sich die beiden der Wärme entgegen weiter nach Süden ausgebreitet, in die Provence und ins Languedoc-Roussillon. Die delikatere, aber auch empfindlichere der beiden Schwestern ist die Roussanne. Ihren Namen verdankt sie dem leicht rostroten Schimmer der Beeren. Sie vor allem liebt die Wärme und entfaltet, wenn sie voll ausreifen kann, intensive warme Aromen von Birnen, Mandeln und Walnüssen. Darüber hinaus besitzt sie die überaus wertvolle Fähigkeit, sich auch bei voller Reife eine schöne saftige Säure zu bewahren. Ihre Schwester, die Marsanne, ist aus etwas robusterem Stoff. Ihre Aromen sind zurückhaltender, und auch ihre Säure hat weniger Kraft, dafür bringt sie mehr Körper und Gewicht in die Verbindung mit ein. Ein ideales Paar also, dessen Teamleistung von den meisten Winzern denn auch respektiert und genutzt wird.

Leitaromen: Pfirsiche,
Marzipan, Walnüsse

VORBEREITUNG

Einkaufen
Weine aus den beiden Traubensorten Marsanne und Roussanne oder aus nur einem der beiden Verschnittpartner findet man im ganzen Süden Frankreichs und sogar in der Schweiz. Dort im Wallis heißt der reinsortig aus Marsannetrauben gekelterte Wein nach seiner Herkunft von der nördlichen Rhône Ermitage. Alle diese Weine sind für unsere Verkostung geeignet. Preis: 10–15 Euro.

Ausschenken
Alter: Diese Weine sind nicht wirklich zum Lagern geschaffen, 1–2 Jahre Reife tun ihnen aber trotzdem gut.
Temperatur: Marsanne Roussanne soll etwas frischer als kellerkühl (10–12 °C), aber nicht kalt serviert werden.

Marsanne Roussanne genießen

Auge: Je nach Anteil der rötlichen Roussanne spielt die Farbe ins hellere oder etwas tiefere Gold.
Nase: Intensiv und anregend duften diese Weine nach Pfirsichen, Birnen und Zitronen, darüber schweben betörende Blütendüfte (Jasmin, Akazien) und die reicheren Aromen von Walnüssen, Mandeln und Marzipan.
Gaumen: Im Mund wirken sie voll, fleischig und körperreich. Eine interessante Kräuterwürzigkeit gibt ihnen Frische und die meist nicht sehr ausgeprägte Säure den notwendigen Halt. In Spitzenweinen von der Rhône kann der Marsanne Roussanne zu geradezu monumentaler Größe heranwachsen.
Das passt dazu: Wildterrine, Fischsuppe (Bouillabaisse) und Fische aus dem Ofen.

rioja blanco
spanien

Rioja blanco verstehen

Bei uns ist das Rioja-Gebiet vor allem durch seine Rotweine aus der Rebsorte Tempranillo bekannt, berühmt und beliebt. Dass in der Region auch ein Weißwein entsteht, ist schon fast ein Geheimtipp. Dabei stellt dieser eine der wenigen europäischen Alternativen zu der Übermacht der körperreichen Weißweine aus der Neuen Welt dar. Die Hauptrebsorte im weißen Rioja heißt hier Viura, im restlichen Spanien aber Macabeo. Sie ist auch im benachbarten Roussillon und im übrigen Süden Frankreichs verbreitet.

Traditionell werden aus ihr und einem kleinen Anteil Malvasia schwere fassgereifte Weine gekeltert, die nicht alle Weinliebhaber mögen. Seit den 70er-Jahren geht der Trend jedoch zu frischeren, aber immer noch gehaltvollen Weinen, die dem modernen Geschmack eher entsprechen. Sie werden in Stahltanks mit Temperaturkontrolle gekeltert. Auf den Ausbau im Holzfass verzichten viele Winzer ganz, andere setzen ihn nur maßvoll ein.

Leitaromen: aromatische Äpfel, Ananas

Rioja blanco genießen

Auge: Helles, leuchtendes Strohgelb.

Nase: Offenes zugängliches Bukett, das an aromatische Äpfel, exotische Früchte (Ananas), Orangenschale und Zitronenmelisse erinnert. Hinzu treten die Aromen von Mandeln und bei einem Ausbau im Fass auch Vanillenoten.

Gaumen: Der Wein ist angenehm trocken, besitzt eine frische, lebendige Säure und überrascht uns oft mit einer feinen und attraktiven Harznote im Abgang.

Das passt dazu: In seiner frischen Art ist dieser Wein wohl der einzige in dieser Verkostung, der sich auch als Aperitif eignet. Gut schmeckt er zu gegrillten, nur mit Zitronensaft und Olivenöl beträufelten Fischen, aber auch zu verschiedenen Gemüsegerichten (Terrinen, Aufläufe) und natürlich zur Paella.

VORBEREITUNG

Einkaufen
Man findet weißen Rioja zwar nicht überall, doch oft sogar in guter Qualität in manchen Supermärkten mit einer gut ausgebauten Weinabteilung. Wählen Sie je nach Ihren Vorlieben einen Wein mit oder ohne Holzausbau. Wenn das nicht auf dem Etikett steht, müssen Sie Beratung in Anspruch nehmen. Die Weine mit den höheren Prädikaten (Reserva oder Gran Reserva) haben bereits eine längere Lagerzeit hinter sich, wenn sie auf den Markt kommen. Preis: 7–10 Euro.

Ausschenken
Alter: Moderner Rioja blanco ohne Fassausbau schmeckt 2–3 Jahre nach der Ernte am besten.
Temperatur: Diese Weine sollten etwas kühler als die anderen in dieser Gruppe serviert werden (8–10 °C).

aromatische und liebliche
weißweine

Die Welt der Weißweine eröffnet uns ohnehin schon eine ausgesprochen interessante Duftwelt. In dieser Verkostung wird die Vielfalt und Intensität jedoch besonders groß. Wir treffen auf Primadonnen und Solisten, aber auch auf vernachlässigte Schätze und Schönheiten. Jeder der Weine verströmt ein ganz eigenes und manchmal sogar eigenwilliges Aroma. Immer ist es intensiv und erinnert an Blumen und Früchte, an Gewürze und Balsam. Es erscheint uns selbst dann noch süß, wenn der Wein absolut trocken ist. Und jeder der Weine hat eine derart starke Persönlichkeit, dass die Kellermeister es nur selten wagen, sie mit anderen Weinen zu verschneiden. Wenn sie es dennoch tun, erfordert es großes Können.

An den Winzer stellen die aromatischen Reben allerhöchste Ansprüche: Er muss schon im Weinberg die Bedingungen schaffen, dass die Traube all ihre Aromen aufbauen kann, dabei aber nicht übers Ziel hinausschießt. Sie muss im Zaum gehalten werden, damit Subtilität, Finesse und Vielschichtigkeit nicht durch ein Übermaß an duftender Wucht erschlagen werden. Im Keller übernehmen Stahltanks und Temperaturkontrolle die weitere Verantwortung: Sie sorgen dafür, dass keine Fehlgerüche oder Unsauberkeiten die Feinheit der Düfte stören.

Man kann diese Weine wunderbar für sich allein genießen, als Aperitif oder als Begleitung beim Lesen, Schreiben oder Musikhören. Sie regen uns mit ihrer charmant-beschwingten Art an, bezaubern uns und machen so auch immer wieder auf sich aufmerksam.

Bei Tisch erweisen sie sich als weit weniger kapriziös, als man das von ihnen erwarten würde. Nur wirklich ganz zarte Gerichte mit Fisch oder hellem Fleisch sind ihnen definitiv nicht gewachsen. Viele der aromatischen Weine passen hervorragend zu den manchmal deftigen Gerichten ihrer Heimat, gute Beispiele dafür sind der Elsässer Muscat und der Gewürztraminer (wir haben ihn auf S. 47 kennengelernt). Andere wie der Riesling kommen in so unterschiedlichen Ausprägungen vor, dass sie immer einen guten Begleiter finden. Eine besonders gelungene Verbindung gehen die aromatischen Weine mit asiatischen Gerichten ein. Sie können im Gegensatz zu den Weinen fast aller anderen Weinfamilien den intensiven und exotischen Aromen dieser Küche wirklich standhalten.

Leitaromen: Salbei,
Holunderblüten,
Stachelbeeren

sauvignon blanc
neuseeland

Sauvignon blanc aus Neuseeland verstehen

Anfang der 70er-Jahre legte die Montana Winery, einer der größten Weinproduzenten Neuseelands, an der Cloudy Bay im Norden der Südinsel einen ersten Versuchsweinberg mit Sauvignon blanc an. Heute entstehen hier Weine, die zu den absoluten Stars auf der internationalen Bühne zählen. Dieses Wunder verdanken wir dem einmaligen Zusammentreffen einer Rebsorte mit einem für sie idealen Klima und Boden. Der Untergrund besteht aus Flusskies und ist deshalb so durchlässig, dass die Rebe ihre Wurzeln weit hinunter in die mineralienreichen Tiefen senken muss und dadurch viele subtile Nuancen entwickeln kann. Die Tage sind in Marlborough lang, sonnenreich und warm, die Nächte aber kühl, da nachts vom nahen Meer her immer eine frische Brise durch die Rebberge zieht. Dieser Wechsel von Wärme und Kühle schenkt den Trauben eine lange Reifezeit, in der sie reiche Aromen ausbilden können, ohne ihre frische Säure zu verlieren.

Sauvignon blanc aus Neuseeland genießen

Auge: Frisches leuchtendes Gold mit grünen Reflexen.
Nase: Der Duft ist das eigentliche Wunder dieser Weine. Er attackiert unsere Sinne mit einer glasklaren, blitzenden Intensität. Im Vordergrund stehen eher pflanzlich-vegetabile Noten wie Salbei, frisch gemähtes Gras, grüne Paprika und Stachelbeeren sowie eine klare Mineralität. Darüber schweben Düfte von weißen Blüten, vor allem von Holunder. Abgerundet wird diese Duftexplosion mit einer Vielzahl von weicheren Fruchtaromen von Melonen, Litschis und Pfirsichen.
Gaumen: Frische und Intensität sind auch im Mund die hervorstechenden Merkmale: eine rassige, oft fast schneidende Säure. Ihr Biss wird von manchen Produzenten mit einem kaum merklichen Hauch von Restsüße gemildert. Die Struktur ist geschmeidig, fest und federnd.
Das passt dazu: Diese Weine sind wegen ihrer appetitanregenden Säure ein idealer Aperitif. Auch frische Meeresfrüchte können sie wunderbar begleiten. Die vegetabilen Noten passen sehr gut zu Spargel, Tomaten und vielen vegetarischen Gerichten.

VORBEREITUNG

Einkaufen
Die besten Weine stammen aus der Region Marlborough/Blenheim. Wir raten Ihnen eher zu einem nicht im Holz ausgebauten Wein (Holzausbau ist meist auf dem Etikett vermerkt), in ihm können Sie den Charakter dieses Weinstils am besten erkennen. Sie finden die Weine in guter Qualität oft auch im Supermarkt. Preis: 6–12 Euro.

Ausschenken
Alter: Die einfacheren Weine sind schon nach 2–4 Jahren trinkreif, den etwas komplexeren darf man aber auch 4–7 Jahre gönnen.
Temperatur: Die etwas komplexeren Weine dürfen nicht zu kalt serviert werden, 10–12 °C sind frisch genug, die einfacheren können kühler sein: 8–10 °C.

riesling kabinett lieblich
mosel saar ruwer

Mosel-Riesling verstehen

Der Riesling ist ein Kind des Nordens. Hier dominiert er die Weinberge. Und hier liegt auch der Schlüssel zu seinem Charakter: Frisch wie Schneekristalle kann er im Glas und auf dem Gaumen sein, scharf wie knackiges Eis kann seine Säure attackieren, und sauber wie frische Winterluft ist sein Duft. Er braucht kühle Nächte, warme sonnige Tage und einen langen goldenen Herbst, um all seinen Reichtum an Düften zu entwickeln. Er liebt tiefe Täler, um sich vor den allzu kalten Winden zu schützen. Und er mag warme steinige Böden, die die Sonne des Tages speichern. Dies alles findet er im tiefen Taleinschnitt der Mosel und ihrer Nebenflüsse.

Mosel-Riesling genießen

Auge: Das helle zitrusgrüne Strahlen weckt die Erwartung von Frische und Leichtigkeit.

Nase: Riesling überwältigt uns mit einer Wolke von Düften: die ersten Blüten des Sommers (Holunder, Linden), knackige Äpfel, weiße Pfirsiche, Quitten, Birnen, Zitrusfrüchte, Aprikosen. All das und noch mehr kann man in ihm entdecken.

Gaumen: Die Säure packt ganz schön zu. Meist gleicht der Winzer ihre rassige Schärfe aber mit etwas Restsüße aus. Das verlangt jedoch Fingerspitzengefühl, damit die Weine nicht süßlich und pappig werden. Das untrügliche Erkennungszeichen von »Made an der Mosel« ist ein finessenreicher mineralisch-schiefriger Geschmack. Mosel-Rieslinge der oberen Spielklasse sind klar, frisch, elegant und transparent.

Das passt dazu: Diese Weine sind leicht (7–9 Vol.-%), zart und mehr oder weniger restsüß. Sie eignen sich wunderbar als Begleiter beim Gespräch oder Lesen. Leicht süße Rieslinge passen hervorragend zu nicht allzu scharfen asiatischen Gerichten.

Leitaromen: weiße Pfirsiche, grüne Äpfel, Honig

VORBEREITUNG

Einkaufen
Leider gibt es mehr belanglose Mosellimonade als Weine, wie wir sie suchen und lieben. Es ist für den Laien deshalb recht schwierig, sich ohne Hilfe zurechtzufinden. Der Fachhandel berät Sie bei der Suche nach einem qualitätvollen Kabinetts-Wein. Auch ein Besuch bei einem Winzer vor Ort ist lohnend. Bevorzugen Sie einen nicht allzu süßen Wein, möglichst aus einer Steillage. Preis: 6–12 Euro.

Ausschenken
Alter: Nach 1–2 Jahren sind Mosel-Rieslinge bereits ein großer Genuss, sie können aber auch einige Jahre mit Gewinn reifen.

Temperatur: Der Wein sollte schön frisch sein (6–8 °C).

rueda kastilien

Rueda verstehen

Das kleine, nur gut 7000 ha große Gebiet Rueda liegt südwestlich von Valladolid in einer der unwirtlichsten Regionen der iberischen Halbinsel. Das Klima ist mit glühend heißen Sommern und klirrend kalten Wintern rein kontinental. Der Niederschlag wird von den umliegenden Bergen fast vollständig abgefangen. Hier wird seit Jahrhunderten Verdejo angebaut, eine Rebsorte, die sich wahrscheinlich hier aus einer einheimischen Wildrebe entwickelt hat. Bis in die 70er-Jahre hinein entstanden daraus schwere oxidierte Weine. Bis die Kellerei Marqués de Riscal ihr Potenzial für frische duftige Weißweine entdeckte. Ihr Geheimnis: Lese in der Kühle der Nacht, Temperaturkontrolle bei der Gärung und möglichst wenig Kontakt mit Sauerstoff. Das Vorbild der Kellerei Marqués de Riscal hat Schule gemacht und eine ganze Reihe von Produzenten angesteckt. Heute gehört der Rueda daher zu den besten und angesehensten Weißweinen Spaniens, die in die ganze Welt exportiert werden. Verdejo darf mit anderen Rebsorten verschnitten werden (meist Viura). Der Anteil an Verdejo bestimmt aber die Qualität: Einfacher Rueda enthält mindestens 50 %, Rueda Superior 85 %. Immer mehr Winzer bieten sortenreine Weine an.

VORBEREITUNG

Einkaufen
Rueda findet man heute verbreitet auch im Supermarkt. Wenn Sie die Wahl haben, entscheiden Sie sich für einen Rueda Superior. Preis: 7–12 Euro.

Ausschenken
Alter: Rueda schmeckt schon jung gut, kann aber mit Gewinn 3 – 4 Jahre reifen.
Temperatur: Der Wein ist richtig frisch am besten (6–8 °C).

Rueda genießen

Auge: Helles frisches Gold.

Nase: Rueda duftet fruchtig-frisch nach Mirabellen und Zitrusfrüchten, oft verstärkt diesen Eindruck von Frische eine deutliche Anisnote. Sie verleiht dem Wein eine würzig-kräutrige Komponente.

Gaumen: Die Verdejo-Traube gibt dem Wein einen hohen Gehalt an natürlichem Glyzerin. Es macht ihn geschmeidig, gehaltvoll und leicht ölig. Und dennoch bleibt er leicht und finessenreich. Eine angenehm fruchtige Säure gibt ihm die notwendige Struktur.

Das passt dazu: Meeresfrüchte als Cocktail oder vom Grill (Garnelen). Alle Zubereitungsarten von Hummer und Langusten. Außerdem gebratene und pochierte Fische mit leichten Weißwein- oder Kräutersaucen.

Leitaromen:
Zitrusfrüchte,
Anis

muscat sec elsass

Muscat verstehen

Vieles spricht dafür, dass die Muskateller-Rebe zu den ältesten Sorten gehört, die die Menschen gezüchtet haben. Vielleicht ist sie sogar die älteste Rebe überhaupt. Seit ihren Anfängen hat sie sich rund um den Mittelmeerraum herum ausgebreitet und vielfach in immer wieder neue Sippen und Untersippen aufgespalten. Schier unübersehbar ist also die Zahl und Variationsbreite der Weine, die aus ihr gekeltert werden: Sie reicht vom alkoholschwachen Moscato d'Asti aus dem Piemont bis zu den tiefgoldenen süßen Dessertweinen aus allen warmen Anbauländern der Welt. Ihr Markenzeichen ist immer ihr ganz besonderer Duft, der Bienen wie Menschen betört. Wie bei keiner anderen Rebsorte kann man Duft und Geschmack der frischen Trauben sogar im Wein selbst noch erkennen.

Nördlich der Alpen tut sich die Muskateller-Rebe schwer, denn sie liebt Wärme und Sonne. Oft wird hier auch nicht die wertvollste Varietät, Muscat blanc à petits grains, sondern der wesentlich weniger aufregende, aber früher reifende Muscat Ottonel angebaut. In der Pfalz, der Sonnenstube Deutschlands, im Wallis und verbreitet auch in Österreich pflegt man, wie im Elsass, neben den Süßweinen auch einen trockenen Stil.

Leitaromen: Rosen, Muskateller-Trauben

Einkaufen
Diese Weine entdecken Sie wohl nur im Fachhandel. Sollten Sie keinen Muscat aus dem Elsass finden, fragen Sie nach einem einheimischen Muskateller aus der Pfalz, einem Muscat aus dem Wallis oder einem Gelben Muskateller aus der Steiermark. Nur trocken muss er sein. Preis: 8–12 Euro.

Ausschenken
Alter: Der Charme des Muscat sec ist seine Frucht. Nie duftet und schmeckt sie besser als in den ersten 2 Jahren nach der Abfüllung.
Temperatur: Schön kühl sollte er sein, 6–8 °C sind gerade recht.

Muscat genießen

Auge: Der Muscat glänzt mit einem hellen, oft fast blassen Goldton, der leicht ins Grünliche spielt.

Nase: Muscat verströmt einen intensiven, schweren Duft nach reifen Muskateller-Trauben, nach Rosen, und einer ganzen Palette von Früchten und Blumen: reife Pfirsiche, Orangen und Orangenblüten, Mandarinen, Holunder und vieles mehr.

Gaumen: Nach dem »süßen« Duft überrascht uns die Trockenheit im Mund. Der Geschmack erinnert ebenso an die Traube wie der Duft, man meint geradezu in frische Beeren zu beißen. Die Säure ist eher mild, gibt dem Wein aber durchaus Frische und den notwendigen Halt.

Das passt dazu: Muscat sec kann man wunderbar für sich allein genießen, etwa als Aperitif. Er passt aber auch sehr gut zu Spargel und Schwarzwurzeln und ist geradezu perfekt zu kräftig mit Curry oder Ingwer gewürzten asiatischen Gerichten.

die vier rotweinstile

Rotwein und Weißwein unterscheiden sich nicht nur durch die Farbe, ihre Unterschiede reichen viel tiefer und beeinflussen den gesamten Herstellungsprozess. Bei den Rotweinen wird im Gegensatz zum Weißwein der Most zusammen mit den Beerenhäuten und den Kernen vergoren. Oft bleibt der Saft nach der Gärung noch für einige Stunden oder Tage auf der sogenannten Maische. In dieser Zeit reichert er sich mit einer Vielzahl von Inhalts- und Geschmacksstoffen an, die dem Weißwein fehlen: Neben der Farbe und einer Fülle von anderen Extraktstoffen ist das vor allem der Gerbstoff, das Tannin. Es schenkt dem Wein neben der Struktur auch die Lagerungsfähigkeit. Die ermöglicht es ihm, eine ganz neue Dimension von Aromen zu entwickeln, wir nennen sie die Tertiäraromen. Neben den Beitrag der Traube und der Gärung tritt damit auch das Wirken der Zeit.

Spritzigkeit und Fruchtigkeit: leichte fruchtige Rotweine

Die Weine dieses Stils stehen den Weißweinen noch recht nahe. Mit frischer Säure und eher wenig Tannin verbinden sie die Qualität weißer Weine mit den Aromen und der Struktur der roten. Ihre Farbe ist hell, und ihre Düfte sind noch ganz von beeriger Frucht geprägt. Die moderne Kellertechnik hat diesem Stil qualitativ neue Horizonte eröffnet.

Vielfalt und Ausgeglichenheit: mittelschwere Rotweine

Dies ist der klassische Rotweinstil schlechthin. Es ist der Wein, der seit Urzeiten beim Essen mit auf dem Tisch stand. Die Weine dieses Stils haben genügend Tannin, Säure und Alkohol, um den Appetit anzuregen und die Verdauung zu unterstützen. Die Wiege dieses Stils stand in den klassischen Weinbaugebieten, dort eben, wo der Wein ursprünglich herkam.

Wärme und Aromafülle: weiche üppige Rotweine

Bei diesem Stil verlagert sich das Gleichgewicht von der klassischen Mitte weg in Richtung Fülle, Kraft und Alkohol. Die Trauben für diese Weine brauchen viel Sonne und Wärme, damit sie die schwarzdunkle Farbe und die Fruchtsüße entwickeln können, die diese Weine auszeichnen. Deshalb wird dieser Stil nur im Süden Europas und in der Neuen Welt gepflegt.

Harmonie und Langlebigkeit: reife schwere Rotweine

Die Weine dieser Gruppe brauchen Zeit. Sie entziehen sich daher allen kurzfristigen Strömungen und Moden. Man kauft sie, um sich in zehn oder mehr Jahren an ihnen zu erfreuen. Deshalb ist auch ihr Stil klassisch und zeitlos.

bardolino classico superiore
veneto

Bardolino verstehen

Welchen Weg auch immer man am südöstlichen Ufer des Gardasees wählt, immer taucht man in ein Meer von Reben ein. Die Gletscher der Eiszeit haben hier ihre Moränenhügel zurückgelassen: Ein idealer Boden für den Weinbau, der zusätzlich noch vom ausgleichenden Einfluss des Sees und von den kühlenden Luftströmen aus dem Norden profitiert. Sie schenken dem Wein seine verführerische Frucht und Frische. Rund um das kleine Städtchen Bardolino liegt die Kernzone der Appellation, das Classico-Gebiet. Von hier stammen auch die besten Weine. Leider wurde diese Kernzone weit nach Süden hin ausgedehnt und damit auch der Charakter dieses schönen Weins verwischt und verwässert.

Eine ganze Reihe von Rebsorten darf in der Komposition des Bardolino mitspielen, die wichtigsten – Corvina, Rondinella und Molinara – teilt er mit dem berühmten Nachbarn im Osten, dem Valpolicella.

Der Most des Bardolino bleibt nur für kurze Zeit in Kontakt mit den Traubenschalen. Dadurch bleibt seine Farbe hell und sein Charakter eher leicht. Auch die weitere Verarbeitung in Stahltanks dient diesem Ziel. Außer der Normalversion, die schon im März des Folgejahrs auf den Markt kommt, werden auch ein gehaltvollerer Superiore (ein Jahr Reifezeit) und nach dem Vorbild des Beaujolais Nouveau ein Novello auf den Markt gebracht.

Leitaromen: Kirschen,
Himbeeren, Mandeln

VORBEREITUNG

Einkaufen
Leider gibt es auch beim Bardolino mehr ärgerliche Masse als wirkliche Klasse. Wir empfehlen Ihnen daher unbedingt: Kaufen Sie einen Wein aus dem Classico-Gebiet, wenn möglich einen Superiore und am besten bei einem vertrauenswürdigen Fachhändler. Preis: 5–10 Euro.

Ausschenken
Alter: Normaler Bardolino Classico ist in den ersten beiden Jahren nach der Ernte am besten, Superiore kann auch nach 3–4 Jahren noch wunderbar schmecken.
Temperatur: Bei Kellertemperatur (12–14 °C) entfaltet sich die Frische dieser Weine am schönsten.

Bardolino genießen

Auge: Der Bardolino strahlt mit einem hellen frischen Rubin im Glas, in das sich einige kirschrote Reflexe mischen.

Nase: Auch der Duft ist frisch, weinig und anregend. Zu den fruchtigen Aromen von Kirschen und Beeren gesellen sich Noten von Rosen, Holunder und Mandeln.

Gaumen: Eine frische saftige Säure bestätigt die Erwartungen von Auge und Nase. Den Schlusspunkt setzt eine angenehme, leichte Bitternote.

Das passt dazu: Bardolino ist ein Allrounder als Begleiter leichter (Vor-)Speisen: luftgetrockneter Schinken, Salami und Käse, Teigwaren mit Fleisch- oder Pilzsaucen.

vino nobile di montepulciano toskana

Vino Nobile verstehen

Schon der Titel dieses Weins, Vino Nobile, verspricht uns ein besonderes, ja aristokratisches Trinkvergnügen. Er wurde ihm im 18. Jahrhundert verliehen, als aus den normalen Sangiovese-Reben des Chianti-Gebiets ein ganz bestimmter Klon, der Prugnolo gentile, für die Weine von Montepulciano ausgewählt wurde. Wörtlich übersetzt beschreibt dieser Name seinen Charakter recht genau mit »sanft und pflaumig«. Er bestimmt auch heute noch mit einem Anteil von 60–80 % den Stil des Weins. Dazu treten mehrere andere Rebsorten, von denen der nur hier angepflanzte Mammolo mit seinem ausgeprägten Veilchen-duft (Viola mammola) eine ganz spezielle und oft gerühmte Note beiträgt.

Montepulciano mit den Wein-bergen des Vino Nobile

Vino Nobile di Montepulciano wächst auf einem relativ kleinen Gebiet innerhalb der Gemarkung des Städtchens Montepulciano am Rande der Chiana-Ebene. Hier, etwa 120 Kilometer südöstlich von Florenz ist das Klima wärmer und geschützter als im Chianti-Gebiet. Die Weine werden deshalb auch etwas runder und reichhaltiger. Die Normalversion muss zwei Jahre im großen Holzfass reifen, bevor sie in den Handel kommt, die Riserva drei.

Vino Nobile genießen

Auge: Mittleres bis tiefes Rubinrot.

Nase: Der Duft des Vino Nobile ist sehr vielschichtig: Auf der einen Seite entdecken wir reichhaltige Fruchtaromen von Pflaumen, Kirschen und schwarzen Beeren, dahinter entwickeln sich aber bereits die reifen Aromen von Leder, Rauch, Unterholz und oft auch Lakritze.

Gaumen: Wir empfinden im Mund ein edles feines Tannin und eine deutliche, aber weiche Säure. Der Gesamteindruck ist elegant und vornehm. Im Abgang kann man eine feine Bittermandelnote entdecken.

Das passt dazu: Gehaltvolle Hauptgerichte wie geschmorte Kaninchenkeule, Wildschwein- und Rin-derschmorbraten oder Ossobuco. Besonders gelungen ist die Kombination mit Gerichten aus Tomaten oder Auberginen.

VORBEREITUNG

Einkaufen
Vino Nobile in guter Qualität findet man im Fachhandel, aber auch in Supermärkten mit einer guten Weinabteilung. Preis: 8–12 Euro.

Ausschenken
Alter: Vino Nobile gewinnt 5–8 Jahre lang deutlich an Finesse und Komplexität.
Temperatur: Holen Sie die Flasche 1 Stunde vor dem Ausschenken aus dem Keller, dann stimmt die Temperatur (14–16° C).

Leitaromen:
Pflaumen,
Veilchen, Leder

australischer shiraz
barossa valley

Leitaromen: Brombeeren, Schokolade, schwarzer Pfeffer

Australischen Shiraz verstehen

Seit bald 200 Jahren wird im australischen Barossa Valley Wein angebaut. Praktisch von Anfang an war der aus dem Rhône-Tal stammende Shiraz (wie der Syrah hier genannt wird) mit von der Partie. Die Siedler brachten ihn aus Europa mit, im heißen, niederschlagsarmen Barossa Valley entwickelte er sich prächtig. So gut, dass man aus ihm alles herstellte: Rotwein, Weißwein, Schaumwein und sogar Portwein. Etwas wirklich Besonderes entdeckte man allerdings in keinem dieser Weine. Erst als im alten Europa nach dem Boom des Cabernet Sauvignon die Rhône-Renaissance ausbrach und man die überragende Qualität und das Potenzial der Syrah-Traube erkannte, wachten auch die Australier auf und merkten, welchen Schatz sie seit über 100 Jahren hüteten.

Im Barossa Valley, dem heißen Norden Südaustraliens und etwa eine Autostunde von Adelaide entfernt, schlägt bis heute das Herz des australischen Shiraz-Anbaus. Die Reben stehen in Höhen zwischen 200 und 550 Metern über dem Meeresspiegel. Hier ist die Hitze schon etwas gebrochen, und in den Nächten sorgt die Abkühlung vom Meer her zusätzlich für größere Temperaturunterschiede. Dieses Klima ist für üppige körperreiche Rotweine ideal und begünstigte die Entwicklung eines ganz eigenständigen australischen Stils, der mit seinen großartigen Shiraz-Weinen den eigentlichen Beitrag Australiens zur modernen Weingeschichte darstellt.

Australischen Shiraz genießen

Auge: Diese Weine glühen tiefrot und oft fast undurchsichtig im Glas.

Nase: Wie die Farbe ist auch der Duft opulent und überwältigend: dunkle Beeren, schwarze Kirschen, Backpflaumen, Schokolade und vielerlei Gewürze (Pfeffer, Eukalyptus und Zedernholz). Mit der Zeit kommen Rauch, Leder und Lakritze dazu. Aus dem Eichenfass stammen die Noten von Vanille und Toast.

Gaumen: Der Wein liegt fast ölig im Mund, wir schmecken die Süße der Frucht und spüren die weiche Wärme des Alkohols. Ein samtiges Tannin und eine reife Säure geben ihm den notwendigen Halt.

Das passt dazu: Dieser Muskelwein braucht kräftige Partner: Wild, Rindfleisch und Leber passen am besten.

VORBEREITUNG

Einkaufen
Australischen Shiraz findet man problemlos im Fachhandel und im Supermarkt. Preis: 8–12 Euro.

Ausschenken
Alter: Nach 4–5 Jahren ist australischer Shiraz erst wirklich trinkreif, bleibt dann aber noch gut 10 Jahre auf seinem Höhepunkt.
Temperatur: Diese Weine öffnen sich erst richtig bei 16–18 °C. Wärmer dürfen sie allerdings nicht sein.

st-émilion grand cru
bordeaux

St-Emilion verstehen

Das malerische und leicht verschlafen wirkende Städtchen St-Emilion liegt hoch über der Dordogne am Rand einer großen Hochebene. Sein Untergrund ist durchzogen von Steinbrüchen und Höhlen, aus denen man früher das Baumaterial für die Häuser der Region gewonnen hat. Heute lagert hier Wein unter idealen Bedingungen.

Der Atlantik mit seiner ausgleichenden Wirkung ist hier etwas weiter weg als im Médoc; die Cabernet Sauvignon-Trauben, die dort vorherrschen, haben hier daher Mühe, wirklich zuverlässig auszureifen. Sie spielen also nur eine Nebenrolle. An ihre Stelle tritt der Merlot, dem meist ein kleiner Anteil Cabernet franc beigegeben wird. Das verändert den Charakter der Weine grundsätzlich: Sie sind weicher, fruchtiger, runder und damit vielleicht auch etwas zugänglicher als ihre aristokratischeren Nachbarn.

Das Anbaugebiet St-Emilion besitzt ein Klassifizierungssystem, das sich wesentlich von dem im Médoc unterscheidet. Es stammt aus dem Jahr 1955 und wird alle zehn Jahre überprüft. Die Basis bilden einige Hundert Grand Crus, darüber stehen die 55 Grand Crus Classés, weiter oben folgen elf Premiers Grand Crus Classés B. Die Spitze schließlich bilden die beiden Premiers Grand Crus Classés A: Château Ausone und Château Cheval Blanc.

VORBEREITUNG

Einkaufen
Die Klassifikationspyramide lässt Ihnen alle Möglichkeiten der Wahl. In jedem Fall empfehlen wir Ihnen für den Einkauf den Fachhandel. Preis: 10–20 Euro.

Ausschenken
Alter: Je höher Sie in der Klassifikationspyramide steigen, umso größer ist auch das Lagerungspotenzial der Weine. 4–6 Jahre sollten Sie ihnen aber auf jeden Fall gönnen. Temperatur: Man trinkt diese Weine meist zu warm. 16–18 °C sollten nicht überschritten werden.

Leitaromen: Brombeeren, schwarze Johannisbeeren, Herbstlaub

St-Emilion genießen

Auge: Im Glas strahlen diese Weine mit lebhaftem Rubin, durch das sich in der Jugend noch violette Reflexe ziehen.

Nase: Der Duft ist vielschichtig und komplex. In der Jugend dominieren die Fruchtaromen: schwarze Johannisbeeren, Brombeeren, Pflaumen (auch gedörrt) und Kirschen. Dazu treten Gewürze wie Nelken, Muskat, Lorbeer, ja sogar Zimt. Mit der Reife kommen herbstliche Aromen hinzu: Laub, Pilze und Leder.

Gaumen: Der erste Eindruck ist rund, weich und fleischig. Dann gibt aber das feste und edle Tannin dem Körper den notwendigen Halt.

Das passt dazu: Kräftiges Wildgeflügel (Fasan, Wachtel) und Reh. Besonders fein auch Zicklein und Lamm.

leichte fruchtige
rotweine

Wer meint, ein wirklich ernst zu nehmender Rotwein brauche Tannin, wird von dieser sympathischen Weinfamilie eines Besseren belehrt. Tannin schenkt dem Wein bekanntlich die Fähigkeit zu altern und zu reifen. Wenn ein Wein das aber gar nicht will, weil sein ganzer Charme in seiner Jugend liegt, was hat das Tannin dann da noch verloren?

Auch wenn der eine oder andere seriöse Weinkenner die Nase rümpfen mag, wir lieben die tanninarme Frische, die lebendige Säure und die unbeschwerte Jugendlichkeit dieser Weine. Ihre Seele ist die Frucht. Sie ist sommerlich wie Beeren und Kirschen, die im Juli schon reif sind. Und sie hat genau den Spritzer Säure, der auch eine Schüssel frische Beeren erst richtig »beerig« macht. Die herbstliche Schwere von Zwetschgen und Pflaumen ist noch fern.

Frische und Frucht verbinden diese Weine mit den Weißweinen. Noch näher an den Weißen liegen die Rosés. Auch sie werden aus roten Trauben gekeltert, aber der Kellermeister lässt die Traubenschalen nur für wenige Stunden zusammen mit dem Most vergären. So erhalten sie nur wenig Farbe und Extrakt aus den Häuten. Dafür gelangt viel herrliche Frucht und Aromatik in den Wein. Ein Rosé bleibt frisch wie ein Weißwein, der von einem Rotwein träumt.

Die leichten fruchtigen Rotweine duften und schmecken nach Sommer, und der Sommer ist auch ihre Jahreszeit. Leicht und einfach sind deshalb auch die Gerichte, die am besten zu ihnen passen. Ein Rosé ist, begleitet von ein paar Oliven oder getrockneten Tomaten, ein wunderbarer Aperitif. Zum Essen kann man sich bei der Weinwahl ganz auf die jeweilige Herkunft verlassen: italienische Weine zu Schinken, Coppa, Salami, Mortadella, Pasta und Pizza, die Franzosen zu Pasteten und Quiches und die Deutschen zu Schwarzwälder Schinken, kaltem Braten oder Hausmacherwurst. Wer gern über die Farbgrenzen hinweg experimentiert, kann es auch mit Fisch und Meeresfrüchten probieren. Diese Kombination gelingt vor allem dann, wenn der Fisch mit mediterranen Zutaten wie Knoblauch und Tomaten zubereitet wird.

Und schließlich schmecken diese Weine gerade wegen ihres niedrigen Tanningehalts hervorragend zu mildem jungem Schnitt- und Weichkäse (Brie, Camembert).

Leitaromen: Pfirsiche, Aprikosen

bandol rosé
provence

Bandol Rosé verstehen

Unter den Rosés Südfrankreichs gibt es solche und solche. Der Weinliebhaber ist also mit dieser Gruppe zu Recht etwas vorsichtig. Das sollte ihn aber nicht daran hindern, sich doch in dieser zauberhaften Welt zwischen Rot und Weiß umzuschauen. Denn trotz aller Irritationen gibt es hier echte Perlen zu entdecken.
In einer ganz besonderen Region an der provenzalischen Küste östlich von Marseille wächst beschützt und eingeschlossen zwischen bis zu 1000 Meter hohen Bergen der eigentliche Star der französischen Rosés: der Bandol. Die steilen Hänge sind mit Trockenmauern gesichert, die zum Teil noch auf die Zeit der Römer zurückgehen.
Mit mehr als 50 % trägt die empfindliche Mourvèdre den Löwenanteil zu der Traubenmischung des Bandol Rosé bei. Sie braucht viel Wärme, um voll auszureifen und ihre Aromen auszubilden. Schon an der nördlichen Rhône ist es ihr zu kühl. Zudem benötigt sie aber den frischen Wind vom Meer, damit die aus ihr gekelterten Weine nicht zu schwer und gewöhnlich werden. Außer ihr dürfen Grenache, Cinsault, Syrah und Carignan für den Rosé verwendet werden.

Bandol Rosé genießen

Auge: Helles blasses Rosa bis hin zu lachsfarben.
Nase: Der Duft dieses Rosés ist erstaunlich komplex und aromatisch: Typisch sind Noten von Pfirsich, (getrockneten) Aprikosen, roten und schwarzen Johannisbeeren. Hinzu treten Ananas, Mandeln und die würzige Frische von Kräutern (Minze).
Gaumen: Der erste Eindruck ist anmutig und frisch, dann aber entwickelt der Wein im Mund seine Kraft, die von einem meist recht hohen Alkoholgehalt gestützt wird. Ein gehaltvoller langer Abgang beweist schließlich, dass dieser Rosé keinesfalls nur ein Kompromiss zwischen Rot und Weiß ist. Er hat eine ganz eigene ausdrucksstarke Persönlichkeit.
Das passt dazu: Viele provenzalische Gerichte: Angefangen mit den Vorspeisen wie gerösteten Brotscheiben mit Olivenpaste, Anchovis, pikanten Tartes über gegrillte Fische und Meeresfrüchte, die nur mit Zitronensaft und Olivenöl beträufelt werden, bis hin zur klassischen Bouillabaisse.

VORBEREITUNG

Einkaufen
Hochwertigen Bandol Rosé findet man im Sommer selbst in Kaufhäusern mit einer guten Weinabteilung. Preis: 7–12 Euro.

Ausschenken
Alter: Natürlich ist der Bandol Rosé trotz seines Gehalts kein Lagerwein, er sollte in den ersten beiden Jahren nach der Ernte getrunken werden.
Temperatur: Es wäre schade, würde man die Aromafülle mit einer allzu tiefen Temperatur beeinträchtigen, trotzdem wird er etwas kühler serviert als die anderen Rotweine in dieser Gruppe. Genießen Sie ihn mit 10–12 °C.

beaujolais-villages
südliches burgund

Beaujolais verstehen

Auf den ersten Blick scheint alles einfach: Der Wein heißt Beaujolais, die Region heißt Beaujolais, und die Rebsorte ist immer 100 % Gamay. Schaut man aber genauer hin, wird's doch kompliziert. Im Süden des Gebiets ist der Boden tonig und tief, hier wachsen die einfachen »AOC Beaujolais«. Gegen Norden hin wird die Region hügeliger und der Boden magerer, der Granituntergrund steigt an die Oberfläche. Hier dürfen 39 Gemeinden ihren Wein als »AOC Beaujolais-Villages« abfüllen. Er ist deutlich gehaltvoller und reichhaltiger als die oft recht dünnen und gesichtslosen Weine des Südens. Nochmals eine Stufe höher stehen zehn Dörfer ganz im Norden des Gebiets, die sogenannten Crus. Hier erscheint der Name Beaujolais nicht mehr auf dem Etikett, die Produzenten dieser Region haben sich mit der Qualität und Individualität ihrer Weine jeweils eine eigene Appellation (die Namen der Dörfer) verdient. Diese Crus sind denn auch meist nicht mehr wirklich leichte Weine. Mit ihrem Format, ihrer Fülle und ihrem Gewicht gehören sie in die Kategorie mittelschwer. Im Beaujolais-Gebiet wenden die Kellermeister ein ganz besonderes Gärverfahren an, die »macération carbonique«. Dabei werden die noch ganzen Beeren in einer Kohlensäureatmosphäre vergoren, was den Weinen einen ganz besonders fruchtigen Charakter und oft eine charakteristische Bananennote verleiht.

Leitaromen:
Erdbeeren,
Kirschen, Bananen

Einkaufen
Kaufen Sie nur dann einen einfachen AOC Beaujolais, wenn Sie Ihrem Händler unbedingt vertrauen können, es gibt wunderbar unbeschwerte Weine aus dieser Appellation, aber leider auch jede Menge Massenware. Selbst bei einem Beaujolais-Villages gehen Sie besser zum Fachhändler als in den Supermarkt. Preis: 4–8 Euro.

Ausschenken
Alter: Jugend ist beim Beaujolais alles: 1–2 Jahre nach der Ernte schmeckt er am besten.
Temperatur: Kellerkühl ist gerade richtig (12–14 °C).

Beaujolais genießen

Auge: Helles funkelndes Kirschrot mit noch deutlich violetten Tönen.

Nase: Es ist die reine Frucht, die uns aus jedem Glas Beaujolais entgegenströmt, vor allem Sommerbeeren wie Johannisbeeren, Himbeeren und Erdbeeren, dazu Kirschsaft und Pflaumen. Vielleicht entdeckt man eine Prise Pfeffer und fast immer ganz deutlich Bananen.

Gaumen: Auch im Mund ist der Beaujolais-Villages das reine Sommertrinkvergnügen: kein Tannin, keine Noten von Leder oder Unterholz, nur Frucht und eine saftig-frische Säure.

Das passt dazu: Fast alles, was im Sommer im Freien schmeckt: Aufschnittplatten, ein gebratenes Kaninchen, Hähnchen oder ein Schweinesteak vom Grill. Und zum Schluss des Mahls ein milder junger Schnitt- oder Weichkäse.

Leitaromen: Kirschen, Brombeeren

lemberger
württemberg

Lemberger verstehen

Wer in Deutschland den Namen Lemberger hört, denkt unwillkürlich an die Schwaben und das schöne Neckartal. Hier werden aus dieser Traube sicher die besten roten Württemberger gekeltert. Das eigentliche Stammland des Lembergers liegt aber viel weiter östlich in der alten Donau-Monarchie, dort heißt er Blaufränkisch im Burgenland oder Kékfrankos in Westungarn. Auf seiner Wanderschaft nach Westen hat er es nicht ganz bis an den Rhein geschafft, denn hier trat ihm mit dem französischen Pinot noir ein unbesiegbarer Konkurrent in den Weg. Auch nach Norden hin sind ihm klare Grenzen gesetzt: Er treibt früh aus und reift spät, Frühlingsfröste und nasses Wetter im Herbst gefärden deshalb Ertrag und Reife. Und so bleibt der Lemberger in Deutschland auf Württemberg beschränkt.

Der Lemberger ist vielleicht die interessanteste einheimische Rotweinrebe Deutschlands. Seine Weine haben viel saftige Frucht, reichlich Tannin und einen gut strukturierten Körper. Trotzdem mangelt es ihnen oft an Finesse und Eleganz. Viele Winzer experimentieren deshalb mit Verschnitten: in Deutschland mit Spät- oder Frühburgunder, manchmal auch mit Trollinger, in Österreich mit Cabernet Sauvignon, Pinot noir und St. Laurent.

Lemberger genießen

Auge: Schönes mittleres bis dunkles Kirschrot.

Nase: Lemberger duftet üppig nach dunklen Beeren und Früchten wie Brombeeren, Kirschen und Pflaumen. Dahinter kann man eine warme Pfefferwürzigkeit und eine interessante Rauchnote entdecken.

Gaumen: Eine angenehme milde Säure und ein präsentes Tannin geben dem Wein die Struktur für einen vollen Körper. Eine schöne herbe Würzigkeit begleitet den langen Abgang.

Das passt dazu: Der Lemberger ist ein perfekter Partner zu regionalen Gerichten wie Blutwurst mit Bratkartoffeln, Kasseler oder Schweinekotelett. Er passt aber auch zu gebratenem Rind und Lamm, zu Geflügel und besonders gut zu Wild.

VORBEREITUNG

Einkaufen
In Schwaben findet man Lemberger in jeder Weinhandlung, aber auch sonst besteht in Deutschland kein Problem. In Österreich weicht man auf einen Blaufränkisch aus, und die Schweizer machen am besten einen Ausflug über die Grenze. Achten Sie auf eine Erzeugerabfüllung. Preis: 6–12 Euro.

Ausschenken
Alter: 2–3 Jahre Reifung sollten wir diesem Wein gönnen.
Temperatur: Etwas wärmer als kellerkühl ist richtig (12–14 °C).

valpolicella classico superiore
veneto

Valpolicella verstehen

Nördlich von Verona im alten vulkanischen Hügelgebiet der Monti Lessini wachsen drei Klassiker der italieni-schen Weinwelt: die beiden Roten Valpolicella und Amarone im westlichen Bereich, und der weiße Soave (siehe Seite 59) weiter im Osten. Der populärste von allen ist sicher der Valpolicella. Im Gegensatz zu seinem aus teil-getrockneten Trauben hergestellten monumentalen Bruder Amarone entspricht er eher dem Typus des heiteren, lebenslustigen Italieners. Er wird aus drei Rebsorten hergestellt, von denen jede ihren ganz spezifischen Beitrag zum Charakter dieses sympathischen Weins beiträgt: Die hochwertige Corvina (40–70 %) prägt seine Persön-lichkeit, Rondinella (20–40 %) steuert zusätzlich Körper und Fülle bei und Molinara frische, saftige Säure.
Im traditionellen Classico-Gebiet des Valpolicella wachsen die Reben an steilen, perfekt nach Süden ausgerich-teten und zum Teil terrassierten Hängen. Hier profitieren die Trauben zusätzlich vom kühlenden Einfluss des nahen Gardasees, so können sie in der Sonne lange ausreifen und Aromen ausbilden, ohne überreif zu werden und die Säure zu verlieren.
Mit mindestens 12 Vol.-% Alkohol und nach einer Reifezeit von einem Jahr in der Kellerei darf sich der Wein Superiore nennen.

VORBEREITUNG

Einkaufen
Es sollte ein Classico und/oder Superiore sein, besonders wenn Sie in der Lebens-mittelabteilung eines Kaufhauses fündig werden. Preis: 8–12 Euro.

Ausschenken
Alter: Man kann den Valpolicella schon bald nach der Abfüllung genießen. Ein Superiore gewinnt aber 3–4 Jahre lang deutlich an Komplexität.
Temperatur: Kellerkühl ist gerade richtig (12–14 °C).

Valpolicella genießen

Auge: Helles bis mittelkräftiges Rubinrot mit einem violetten Ton.
Nase: Der Valpolicella duftet anregend nach Amarenakirschen und roten Beeren. Ein Hauch von Rosen, ein Schuss Bittermandeln und etwas Unterholz bereichern den Duft um interes-sante Noten.
Gaumen: Valpolicella ist zwar ein herzhafter munterer Trinkwein, er belohnt unsere Aufmerk-samkeit aber mit einem delikaten Mundgefühl, einer frischen Säure und einem warmen lan-gen Abgang.
Das passt dazu: Es mag banal klingen, aber der Valpolicella ist ein klassischer Pasta- und Pizzawein. Außerdem passen Schinken und Salami, gegrillte oder gebratene (Süßwasser-) Fische und nicht allzu kräftige Fleischgerichte von Rind und Lamm.

Leitaromen: Kirschen, Bittermandeln

mittelschwere
rotweine

Es gibt Weine, die sich auf ein Gebiet spezialisiert haben: auf den Platz vor oder nach dem Essen, auf den Sommer oder den Winter, auf die fröhliche Runde oder den besinnlichen Abend allein. Nicht so die mittelschweren Rotweine, ihnen gehört seit jeher die Mitte des Lebens. Als Klassiker zum Essen standen sie auf der reich gedeckten Tafel der Betuchten ebenso wie auf dem einfachen Tisch der Bauern und Handwerker. In ihnen verbindet sich alles, was einen kompletten Wein ausmacht: Der anregende Duft öffnet die Sinne, die saftige Säure regt den Appetit an, und das präsente Tannin reinigt den Mund beim Essen. Diese Allrounder müssen mit einer Vielzahl von Gerichten harmonieren. Und das gelingt ihnen mühelos, weil ihr Charakter auf Harmonie und Mitte gestimmt ist.

Jede Weinregion hat in ihrem Kern Weine dieses Stils, was zu einer faszinierenden Vielfalt an Qualitäten und Ausdrucksformen geführt hat. Denn der Winzer in Deutschland kennt andere Rebsorten, ein anderes Klima und andere Traditionen als sein Kollege in Italien. Den Weinliebhaber freut es: Nirgendwo in der weiten Welt der Weine ist der Reichtum an Charakteren und Persönlichkeiten größer als in dieser Familie!

Auf dem Tisch zwischen Tellern, Schüsseln und Platten stehen die Weinflaschen dieses Stils. Hier ist ihr Sitz im Leben. Ein Glas Chianti ohne mindestens einen Teller Pasta als Begleitung will keine rechte Freude bereiten. Und so passen die regionalen Gerichte auch am besten zu diesen Weinen; sie sprechen gewissermaßen dieselbe Sprache. Als Faustregel kann gelten: je einfacher der Wein, umso stärker ist er in seiner Herkunftsregion verwurzelt. Je hochwertiger und edler er aber ist, umso weiter wird sein Horizont und umso besser versteht er sich mit Gerichten aus anderen Regionen. Vorausgesetzt, sie stehen mit ihm auf gleicher Augenhöhe.

Wer den Wein zwischen Vorspeise und Hauptgang wechseln will, nimmt den mittelschweren Rotwein auf jeden Fall zum Hauptgang. Doch auch wer zu beidem den gleichen Wein servieren möchte, bekommt keine Probleme. Die mittelschweren Rotweine fügen sich problemlos in diese Rolle. »Sono vini da tutto pasto«, sagen die Italiener und meinen damit: Sie passen eigentlich immer.

Leitaromen: Kirschen,
Gewürze (Pfeffer, Zimt),
Unterholz

spätburgunder
baden

Spätburgunder verstehen

Auf der Zugfahrt von Basel nach Karlsruhe werden wir auf der ganzen Strecke von einem breiten Band von Rebbergen begleitet. Es bedeckt die unzähligen Hügel, Einschnitte und Nischen zwischen dem Talgrund des breiten Rheintals und den dunklen Tannenwäldern des Schwarzwalds. Kein Zweifel, wir reisen durch die Sonnenstube Badens. Von Süden strömt warme Luft durch die burgundische Pforte ins Tal, die Sonne scheint vom Morgen bis tief in den Abend hinein, und die Niederschläge werden im Westen von den Vogesen abgefangen. Mitten im Rheintal liegen zudem die beiden Gebirgsinseln Kaiserstuhl und Tuniberg. Hier werden die höchsten Temperaturen Deutschlands gemessen.

In dieser heiteren Landschaft hat sich in den letzten beiden Jahrzehnten im Weinbau eine wahre Revolution ereignet: Die Winzer entdeckten das Potenzial ihrer Weinberge für Rotwein, besonders für Spätburgunder. Diese Rebsorte hat das Zeug für große Rotweine, die sich mit der internationalen Spitzenklasse messen lassen können. Plötzlich kamen aus den Kellern der badischen Weinbauern ganz überraschende Weine, die nichts mehr zu tun hatten mit den dünnen, blassen und leicht süßlichen Tropfen von einst. Dieser neue Weinstil orientierte sich an den Vorbildern im nahen Burgund. Dank strenger Mengenkontrolle und Qualitätsprüfung bei der Lese hatten die Weine plötzlich Kraft, Fülle und Komplexität. Viele Winzer bauen den Spätburgunder zudem im Barrique aus, das gibt ihm noch mehr Schliff und Eleganz.

Einkaufen
Am besten natürlich beim Winzer, sonst beim Fachhändler. Preis: 6–12 Euro.

Ausschenken
Alter: Gönnen Sie dem Wein mindestens 3–4 Jahre Reife. Die anspruchsvolleren Weine entfalten ihre Qualität sogar erst nach einem Jahrzehnt im kühlen Keller.
Temperatur: Leicht unter Zimmertemperatur ist richtig (14–16 °C).

Spätburgunder genießen

Auge: Die Farbe des Spätburgunders mag auf den ersten Blick etwas enttäuschen, er besitzt nur mittlere Tiefe, und oft fehlt auch die Strahlkraft, die man eigentlich erwartet. Diesen kleinen Mangel sollten wir aber großzügig verzeihen. Nobody is perfect.

Nase: Der Duft macht alles wieder gut: Er ist oft betörend schön und sinnlich. Großzügige Noten von Beeren, Kirschen und süßen Gewürzen wie Zimt und Nelken können wir schon in seiner Jugend entdecken, mit der Reife kommen Nuss-, Unterholz- und Ledernoten dazu.

Gaumen: Guter Spätburgunder schmilzt nahezu auf der Zunge. Vollmundig, weich und fast süß breitet er sich im Mund aus. Eine sanfte, aber trotzdem saftige Säure schenkt ihm die notwendige Frische. Typisch ist ein angenehmer Bittermandelton im Abgang.

Das passt dazu: Wild, am besten Rehrücken, aber auch Wildpfeffer und Wildgeflügel.

haut-médoc cru bourgeois
bordeaux

Haut-Médoc verstehen

Aus keiner anderen Region der Welt stammen so viele berühmte und teure Weine wie aus dem Médoc, der 85 Kilometer langen Halbinsel, die sich nördlich von Bordeaux zwischen dem Atlantik und der tiefen Bucht der Gironde erstreckt. Ihre Kieshügel wurden von den Gletschern der Eiszeit und von den Flüssen hier abgelagert und aufgeschüttet, ihr Boden ist daher tief, wasserdurchlässig und außerordentlich mineralienreich. Das Klima ist mild, die Wasserflächen des Atlantik und der Gironde dämpfen im Sommer die Hitze und im Winter die Kälte.

Der nördliche Teil des Gebiets heißt einfach AC Médoc, die Weine hier sind leichter und einfacher als in der Appellation Haut-Médoc, die sich im Süden daran anschließt. Diese bildet gewissermaßen das Bindeglied zu den in sie eingelagerten sechs Gemeindeappellationen (Margaux, Moulis, Listrac, St-Julien, Pauillac und St-Estèphe) mit ihren großen Stars Château Margaux, Latour, Mouton Rothschild und vielen anderen. Hier dominiert der Cabernet Sauvignon die Weinberge mit etwa 70 %, er verleiht den Weinen Kraft, Tannin und Größe. Mit etwa 15 % folgt der weichere und fleischigere Merlot, den Rest der Rebfläche bedeckt der würzigfrische Cabernet franc. Jede Rebsorte wird separat gelesen und gekeltert und dient im folgenden Frühjahr als Basis für die Jahr für Jahr neu zusammengestellte Assemblage. Anlässlich der Pariser Weltausstellung im Jahr 1855 wurde eine Liste der besten Weingüter des Médoc zusammengestellt, die bis heute fast unverändert Gültigkeit besitzt, die Crus Classés. Ihnen stehen seit den 1930er-Jahren die Crus Bourgeois gegenüber, die es damals nicht zum Adelstitel geschafft haben. Eine ganze Reihe von ihnen kann sich aber mit manchem Cru Classé messen.

Leitaromen:
Schwarze Johannisbeeren, Veilchen

VORBEREITUNG

Einkaufen
Außer einem AC Médoc sind natürlich auch die höherstehenden AC Margaux, Moulis, Listrac, St-Julien, Pauillac und St-Estèphe bestens geeignet. Wir empfehlen Ihnen den Fachhandel. Preis: 12–20 Euro.

Ausschenken
Alter: Alle Weine aus dem Bordelais sind Lagerweine, auch einem Crus Bourgeois sollten Sie daher 5–7 Jahre Reifung gönnen.
Temperatur: Die Zimmertemperatur von heute ist selbst für diese Weine zu hoch. 14–16 °C sind richtig.

Haut-Médoc genießen

Auge: Bereits die Farbe dieser Weine ist beeindruckend: dunkel, intensiv und brillant.

Nase: Der Duft ist selbst bei jungen Weinen sehr komplex: reife rote Früchte, schwarze Johannisbeeren, Veilchen, Grafit, Kaffee, Schokolade, Gewürze, Vanille und Toast.

Gaumen: Das reichlich vorhandene Tannin packt in der Jugend noch kräftig zu, wird mit der Reife aber mild.

Das passt dazu: Am besten klassische Gerichte: gegrilltes oder gebratenes Fleisch (Rind, Lamm, Wild und Geflügel), Schmorgerichte und Kurzgebratenes (Tournedos, Steaks).

Südafrikas Weingebiete
sind reich gegliedert

pinotage südafrika

Pinotage verstehen

In der Neuen Welt gibt es ganz typische Leitsorten: Australien hat seinen Shiraz, Neuseeland den Sauvignon blanc und Argentinien seinen Malbec. In Südafrika ist Pinotage auf dem besten Weg, diese Rolle zu übernehmen. Gezüchtet wurde er im Jahr 1925 in Stellenbosch aus Pinot noir und Cinsault, der damals in Südafrika noch auf den Namen Hermitage hörte. Daraus ergab sich folgerichtig der Name Pinotage. Das neue Kind vermochte allerdings nicht von Anfang an zu begeistern, die Weine gerieten eher rau und süßlich und erinnerten manchmal fatal an Lackverdünner. Doch die südafrikanischen Winzer ließen nicht locker und experimentierten mit verschiedenen Erziehungsformen der Rebe im Weinberg, mit unterschiedlichen Kellertechniken und neuen Klonen. Anfang der 90er-Jahre gelang schließlich der Durchbruch. Seitdem wissen die Winzer, wie's geht, und die Rebe konnte sich zum eigentlichen Geschenk Südafrikas an die Weinwelt entwickeln.

Außerhalb Südafrikas haben sich nur wenige Winzer an Pinotage herangewagt. Und nirgends kam es zu überzeugenden Leistungen.

VORBEREITUNG

Einkaufen
Die Qualitätsunterschiede sind noch immer beträchtlich. Wir empfehlen Ihnen daher den Fachhandel. Viele Winzer experimentieren mit Verschnitten (oft mit schönem Erfolg), wenn man aber die Eigenart dieser Rebsorte verstehen will, sollte man sich an eine reinsortige Version halten. Preis: 7–12 Euro.

Ausschenken
Alter: 3–4 Jahre sollte man den Weinen zur Reife schenken, dann sind sie aber nochmals 3–4 Jahre lang schön trinkreif.
Temperatur: 14–16 °C sind richtig, damit sich das interessante Bukett voll entfalten kann.

Pinotage genießen

Auge: Eine tiefe, dunkle Farbe kündigt uns einen ebenso mächtigen Wein an.

Nase: Die Aromen des Pinotage sind vielleicht bei der ersten Begegnung etwas gewöhnungsbedürftig, zu sehr weichen sie von den uns vertrauten Weinen ab. Lässt man sich aber auf sie ein, so eröffnen sich geradezu neue Welten: Im Vordergrund stehen dunkle Beeren wie Brombeeren, Holunderbeeren und schwarze Johannisbeeren. Man kann sie sich auch eingekocht vorstellen. Dahinter entdeckt man eine interessante Mischung aus Himbeersaft, süßem Karamell und Rauch.

Gaumen: Pinotage ist ein wuchtiger Wein mit viel Körper und einer kräftigen Ladung Tannin.

Das passt dazu: Grillspezialitäten, vor allem solche aus Südafrika wie Springbock und Strauß. Aber natürlich auch Rind und Lamm.

Leitaromen:
Brombeeren,
Karamell, Rauch

st. laurent österreich

St. Laurent verstehen

St. Laurent ist eine rätselhafte Rebsorte. DNA-Analysen legen nahe, dass mindestens ein Elternteil Pinot noir heißt, vielleicht aber sogar beide aus der Burgunderfamilie stammen. Eine gewisse Ähnlichkeit ist in jedem Fall eindeutig. Wie der Spätburgunder macht auch der St. Laurent den Winzern das Leben nicht gerade leicht, er treibt früh aus, ist fäulnisanfällig und dünnhäutig. Seine Weine sind etwas dunkler und kraftvoller, dafür aber ebenso feingliedrig wie der Spätburgunder. Den Namen erhielt die Rebe vom Heiligen St. Laurentius, an dessen Namenstag (10. August) die Blaufärbung der Traubenbeeren beginnt.

Einige Experten vermuten den Ursprung des St. Laurent in Frankreich, wo er im Elsass auch heute noch da und dort angebaut wird. In der benachbarten Pfalz hat er schon seit einiger Zeit so etwas wie eine neue Heimat gefunden und wird ernst genommen und gepflegt. Wahrscheinlich über Klosterneuburg schaffte die Rebe schließlich den Sprung nach Österreich, wo sie heute zu den Säulen der glanzvollen Rotweinrenaissance in der Thermenregion, in Niederösterreich und im Burgenland gehört.

Hier ist sie weit verbreitet und hoch geachtet. Die aus ihr bereiteten tiefdunklen und samtigen Weine sind die eigenständige österreichische Antwort auf den Spätburgunder. Werden die Erträge im Weinberg streng beschränkt, so kann er sogar das Format für eine längere Fass- und Flaschenreifung erreichen.

Leitaromen: Sauerkirschen, Zwetschgen, Schokolade

VORBEREITUNG

Einkaufen
Österreicher haben höchstens die Qual der Wahl, während man in Deutschland und in der Schweiz schon etwas suchen muss. In Deutschland kann man natürlich auch einen Wein aus der Pfalz wählen. Preis: 10–18 Euro.

Ausschenken
Alter: Nur die besten Weine altern wirklich bis zu 10 Jahre lang mit Gewinn, die einfacheren trinkt man am besten 3–5 Jahre nach der Ernte.
Temperatur: Nicht zu warm, 14–16 °C sind genug.

St. Laurent genießen

Auge: St. Laurent kann eine dunkle leuchtende Farbe von beeindruckender Tiefe erreichen.

Nase: Ähnlich wie bei den Spätburgundern ist der Duft erstaunlich vielschichtig. Man entdeckt Sauerkirschen, Zwetschgen und rote Beeren, dann auch Kaffee- und Schokoladenoten und einen angenehm warmen erdigen Ton.

Gaumen: Im Mund fühlt er sich feingliedrig und elegant an. Eine frische Säure und ein samtiges Tannin geben ihm den notwendigen Halt. Insgesamt überzeugt er in der Regel mehr durch seine Finesse als durch seine Kraft.

Das passt dazu: Viele geschmorte oder gebratene Fleischgerichte, besonders Wild und Wildgeflügel.

weiche und üppige
rotweine

Den internationalen Durchbruch hat dieser Stil erst durch die Entwicklung im Weinbau der Neuen Welt geschafft. Und doch liegt sein Ursprung im guten alten Europa, genauer gesagt in Frankreich an der südlichen Rhône. Hier treiben uralte Syrah- und Grenache-Stöcke ihre Wurzeln in die Tiefen der trockenen und kargen Böden. Von dort holen sie den Stoff, aus dem die Sonne dann konzentrierte, tiefdunkle Trauben »kochen« kann. Und aus denen entstehen ebensolche Weine. Ihr Duft erinnert an warme überreife Früchte und an die Gewürze des Mittelmeers. Im Mund fühlen sie sich fast süß an, aber ihr in der Jugend oft noch ungestümes Tannin gibt ihnen Halt, Struktur und mit den Jahren auch Eleganz und Finesse.

Die Syrah-Traube kann all das ganz besonders gut. Kein Wunder, dass die fruchtverliebten Australier sie umgehend adoptierten und unter dem Namen Shiraz nach ihrem Geschmack erzogen. Was den Australiern mit Shiraz gelang, versuchten die Kalifornier mit ebenso durchschlagendem Erfolg mit Cabernet Sauvignon und die Argentinier mit Malbec.

Aber auch in Europa hat sich viel getan: In Südfrankreich, Süditalien und auf der Iberischen Halbinsel haben viele Winzer die einheimischen Rebsorten wiederentdeckt und mit ihnen neue Wege beschritten. Wir sehen mit Staunen, welcher Reichtum in diesen alten Schatztruhen geschlafen hat, der jetzt durch die Dynamik aus der Neuen Welt geweckt wird.

So wie es typische Wintergerichte gibt, gibt es auch Winterweine: Wenn es draußen schneit und klirrend kalt ist, wärmen sie Leib und Seele und schenken uns ein Gefühl von Geborgenheit. Bei Tisch brauchen sie allerdings starke Partner, die ihrer Kraft standhalten können: gut gewürzte Schmorgerichte wie Ochsenschwanz oder Sauerbraten oder gehaltvolle Wildgerichte wie Hasenpfeffer oder Wildragout. Der süße Geschmack von mit Honig oder Orangen gewürztem Gänse- oder Entenbraten ist ihnen ebenfalls wie auf den Leib geschrieben.

Im Sommer engt sich das Spektrum etwas ein, wir müssen aber keinesfalls auf die üppigen Roten verzichten. Sie passen hervorragend zu kurz gebratenem Rindfleisch – vom Filetsteak über Tournedos bis zum Entrecôte –, egal ob rosa gegart oder noch blutig. Und auch neben dem Grill fühlen sie sich ganz besonders wohl: Die kräftigen Aromen von am offenen Feuer gebratenem Fleisch, die Pionieratmosphäre der Neuen Welt, die optimistische Ausstrahlung dieser Weine – und die Welt ist in Ordnung.

châteauneuf-du-pape
südliche rhône

Die berühmten runden Galets
bei Châteauneuf-du-Pape

Châteauneuf-du-Pape verstehen

Die Päpste im Avignonesischen Exil wussten zu leben. Der erste, Clemens V., hatte schon in seiner Heimat, dem Bordelais, ein Weingut besessen und pflegte sein Hobby nun auch in Südfrankreich. Der zweite, Johannes XXII., baute zwischen 1318 und 1333 die schöne Sommerresidenz Châteauneuf, die heute noch als Ruine den Ort beherrscht und dem weltberühmten Wein den Namen gab. Ringsherum legten beide Weinberge an.

Nur dort sollen Reben wachsen, wo außer Lavendel und Thymian nichts anderes gedeihen kann, meinte einer der Gründerväter der modernen Appellation. Der Boden ist hier über weite Strecken mit den berühmten Galets bedeckt, großen, runden Kieselsteinen, die in einem flachen Binnenmeer vor Jahrmillionen geschliffen wurden. Tagsüber speichern sie die Wärme und geben sie nachts wieder ab, zusätzlich schützen sie den Boden vor dem Austrocknen. Die Hauptrebsorte im Gebiet Châteauneuf-du-Pape ist Grenache noir. Sie trägt eine weiche Fruchtigkeit zum Wein bei. Seine Struktur bekommt er meist von der Syrah-Rebe und den Duft von der Mourvèdre. Insgesamt sind 13 Rebsorten im Châteauneuf-du-Pape zugelassen.

Leitaromen: eingekochte
Pflaumen, Gewürze

VORBEREITUNG

Einkaufen
Châteauneuf-du-Pape findet man in guter Qualität auch in Kaufhäusern mit einer gepflegten Weinabteilung. Lassen Sie sich aber auch dort beraten. Preis: 10–18 Euro.

Ausschenken
Alter: 3–4 Jahre Reife sollte man diesen Weinen nach der Ernte gönnen.
Temperatur: Die sogenannte Zimmertemperatur (16–18 °C) ist richtig. Die bei uns übliche Zimmertemperatur ist für alle, auch für die wirklich gehaltvollen Rotweine eindeutig zu warm.

Châteauneuf-du-Pape genießen

Auge: Die Farbe ist meist sehr konzentriert und tief.

Nase: Die Aromen dunkler Beeren und Früchte dominieren (Pflaumen, Kirschen, Brombeeren), oft wirken sie fast wie eingekocht oder getrocknet (Backpflaumen, Feigen). Eine deutlich würzige Komponente bereichert den Duft mit Noten von Zimt, schwarzem Pfeffer und Gewürznelken. Dazu kommen Bitterschokolade, Karamell und Leder.

Gaumen: Im Mund breitet sich dieser Wein mit einer weichen vollmundigen Süße aus. Er behält dabei aber einen kraftvollen muskulösen Körper. Ein langer Abgang beschließt den eindrucksvollen Auftritt.

Das passt dazu: Dieser kräftige Wein braucht ebenso kräftige Partner: große Braten vom Rind, geschmorte Rinderbacke in Rotwein oder Pot-au-Feu. Auch Wild ist eine gute Wahl: Hirschmedaillons, Hasenrücken oder Fasan.

aglianico del vulture basilikata

Aglianico verstehen

Hinter dem Wort Aglianico erahnt man immer noch das ursprüngliche »hellenico« für hellenisch, griechisch. Und tatsächlich glaubte man bisher, der Ursprung dieser Rebe liege in Griechenland. Schließlich haben die griechischen Kolonisten schon lange vor den Römern hier Wein angepflanzt. Neuere DNA-Analysen haben aber keine Verwandtschaft mit einer bekannten griechischen Rebsorte nachweisen können. Es bleibt also eine Vermutung. Die Rebe fühlt sich im gebirgigen Landesinnern Süditaliens wie zu Hause. Hier schenkt sie uns in zwei benachbarten Appellationen Weine, die zu den besten der ganzen Halbinsel gehören: den Aglianico del Vulture im Norden der Basilikata und den Taurasi in Kampanien. Der Aglianico liebt vulkanische Böden und die etwas kühleren Temperaturen der Höhenlagen über 400 Meter. Beides findet er hier seit über 2000 Jahren. Die Höhenlage verhindert allzu frühes Reifen und gestattet den Trauben oft bis in den November hinein, komplexe Aromastoffe aus den tiefen Tuff- und Vulkanascheböden aufzunehmen und ausreifen zu lassen.

Für die Normalversion des Aglianico del Vulture ist ein Jahr Reifung in der Kellerei vorgeschrieben, Weine mit dem Zusatz Vecchio müssen mindestens 12,5 Vol.-% Alkohol erreichen und drei Jahre (zwei davon im Holzfass) gereift sein. Bei der Riserva sind sogar fünf Jahre vorgeschrieben. So hat der Wein Zeit, seine reiche Persönlichkeit auszubilden, in der sich Kraft und fünf Milde harmonisch verbinden.

VORBEREITUNG

Einkaufen
Beim einfachen Aglianico ist Vorsicht geboten, es gibt leider viel Massenware. Nur bei einem zuverlässigen Händler haben Sie die Gewähr für gute Qualität. Wir empfehlen Ihnen, sich im Zweifelsfall an die Vecchio- oder Riserva-Weine zu halten. Preis: 6–12 Euro.

Ausschenken
Alter: Aglianico ist schon bald nach dem Markteintritt genussreif, kann dann aber noch 3–5 Jahre lang gewinnen.
Temperatur: Auch bei den großen und machtvollen Rotweinen sind 16–18 °C genug. Meist werden sie zu warm serviert.

Aglianico genießen

Auge: Aglianico strahlt mit einem kräftig leuchtenden Kirschrot im Glas, das mit der Reife orangefarbene Reflexe annimmt.

Nase: Der Duft ist intensiv, voll, rund und leicht beerensüß. Vorherrschend sind Pflaumen-, Kirsch- und Brombeeraromen, man kann auch den Duft von Veilchen erkennen. Dazu treten Schokolade, Nüsse, Teer und Rauch.

Gaumen: Das Mundgefühl ist warm und kraftvoll. Eine schöne saftige Säure und ein edles, feines Tannin geben dem Wein Halt. Den Abgang begleiten erdige und pfeffrige Noten.

Das passt dazu: Perfekt ist ein Schweinebraten mit Dörrpflaumen. Aber auch Rinderschmorbraten mit vielen süßen Zwiebeln oder Sauerbraten passen ebenso gut wie die leicht süßen Aromen von im Ofen gebratenem Geflügel, vor allem Ente oder Gans.

Leitaromen: Backpflaumen, Schokolade

Leitaromen:
Himbeeren, Eukalyptus

zinfandel kalifornien

Zinfandel verstehen

Lange hat man über die seltsame Tatsache gerätselt, dass in Kalifornien eine Rebe wächst, die Zinfandel heißt und die mit der apulischen Primitivo identisch ist. Kam sie von Italien nach Amerika oder umgekehrt? Neueste Forschungen haben nun ergeben, dass weder das eine noch das andere ganz der Wahrheit entspricht. Vielmehr sind beide mit Crljenak Kaštelanski, einer kroatischen Rebe, identisch. Inzwischen steht fest: Von der dalmatinischen Küste fand sie den Weg über die Adria zum italienischen Stiefelabsatz und über den Atlantik nach Amerika. Hier in der Neuen Welt schätzte man sie besonders wegen ihrer großzügigen Erträge, denn der Durst der Goldgräber im Kalifornien der 1880er-Jahre war groß und wenig anspruchsvoll. Die Prohibition der 1930er-Jahre überlebte sie in so manchem Hinterhof, wo ihre Trauben offiziell als Tafeltrauben ausgegeben wurden, tatsächlich aber im Keller heimlicher Hobbywinzer landeten.

Der Ruf eines eher anspruchslosen Alltagsweins blieb am Zinfandel bis in die jüngste Zeit haften. Erst nach der ersten Welle des kalifornischen Weinbooms entdeckten die Winzer, dass die Welt nicht nur aus Cabernet und Chardonnay besteht. Das war dann auch die Chance des Zinfandel. Er liebt ein Klima, das hinreichend warm ist, ihm aber doch genügend Kühle lässt, um langsam reifen zu können. Wenn seine Erträge zudem streng gezügelt werden, kann aus dieser populären Sorte ein wirklich großer Wein entstehen.

VORBEREITUNG

Einkaufen
Achten Sie auf einen sortenreinen Wein. Man findet guten Zinfandel auch im Supermarkt. Preis: 6–15 Euro.

Ausschenken
Alter: Zinfandel ist eigentlich kein Lagerwein. Zwischen 2–5 Jahren nach der Ernte schmeckt er am besten.
Temperatur: Zimmertemperatur (16–18 °C) ist richtig.

Zinfandel genießen

Auge: Zinfandel leuchtet in einem mittleren bis tiefen Rubinrot.

Nase: Zuerst entdeckt man in der Duftwolke des Zinfandel dunkle Beeren und Steinfrüchte, dann öffnet sich eine sehr angenehm würzige Frische, die an Eukalyptus, Minze oder grüne Paprika denken lässt. Den Bass im Duftkonzert übernehmen Noten von Karamell, Leder, Rauch und Zedernholz.

Gaumen: Eine schmackhafte saftige Säure und ein manchmal sogar recht zupackendes Tannin bilden das Gerüst für diesen vollblütigen und kraftvollen Wein. Von Haus aus ist er eher robust, kann sich in seiner Bestform aber zu schöner Finesse entwickeln.

Das passt dazu: Als Wein der Goldgräber begleitete er vor allem Fleisch vom Grill. Diese Rolle macht ihm auch heute noch den größten Spaß: saftige Rindersteaks, würzige Lammkoteletts oder Spareribs. Außerdem schmeckt er sehr gut zu allen Schmorgerichten.

malbec argentinien

Malbec verstehen

Die Rebsorte Malbec hatte schon einige Höhen und Tiefen hinter sich, als sie Ende des 20. Jahrhunderts in Argentinien eine neue Heimat, vielleicht sogar ihre eigentliche Heimat fand. Sie stammt aus dem Südwesten Frankreichs, wo sie früher im Bordeaux-Verschnitt die Rolle spielte, die später der Merlot übernahm. Sie sollte den herben Cabernet-Weinen mehr Weichheit und Fleisch verleihen. Leider war sie krankheitsanfällig und frostgefährdet und musste daher der Konkurrenz weichen. Nur in Cahors werden aus ihr heute noch schwere, dunkle Weine in nennenswertem Umfang gekeltert.

In Argentinien ist das europäische Aschenputtel zu neuem Leben erwacht: Die klare Bergluft auf Höhen zwischen 700 und oft weit über 1000 Metern am Rande der Anden bekam ihr richtig gut. Hier herrscht ein gemäßigt heißes und vor allem sehr trockenes Klima. Die Trauben dieser Wärme liebenden Rebe können hier oben ideal ausreifen und sind kaum von Fäulnis und anderen Krankheiten bedroht. Innerhalb von zehn Jahren wurde sie der Star des argentinischen Weinbaus und erbringt heute Weine, die sich den Respekt und die Herzen der Weinliebhaber auf der ganzen Welt erobert haben. Wer heute von argentinischen Weinen spricht, spricht von Malbec.

Malbec genießen

Auge: Sehr eindrucksvoll tiefes, fast schwarzes Rubinrot. In Cahors wird aus dieser Traube der legendäre Vin noir gekeltert.

Nase: Im Duft verströmt der Malbec reiche Noten von üppigen Fruchtaromen (rote und schwarze Beeren und überreife Pflaumen). Man kann sogar den feinen Duft des edlen Veilchens entdecken. Dazu gesellen sich eine pfeffrige Würze und Noten von Lakritze, Tabak und Teer.

Gaumen: Im Mund entwickelt er trotz der weichen Fruchtsüße eine anregende Säure, rundes belebendes Tannin und eine angenehme Wärme.

Das passt dazu: Wir sind in Argentinien, und dort gibt es Rindfleisch in vielen Varianten, zum Malbec am besten ein faustdickes Steak vom Grill. Malbec schmeckt aber auch zu anderen Fleischsorten, gebraten oder gegrillt, und zu Geflügel – besonders gut, wenn sie mit aromatischen Kräutern gewürzt sind.

Leitaromen: Zwetschgen, Brombeeren, Pfeffer

reife schwere
rotweine

Manch ein Weinnovize verzieht zunächst Nase und Mund, wenn er zum ersten Mal an einem reifen Bordeaux oder Rioja schnuppert. Was er riecht, erinnert ihn an Moder, Keller und Stall. Dass das ein Genuss sein soll, kann er sich nur schwer vorstellen und vor allem nicht, dass Leute dafür sogar noch gutes Geld bezahlen.

Doch Wein ist ein Lebewesen, das hoffentlich eine fröhliche und charmante Jugend durchlebt, einen Zenit erreicht, wo sich all seine Qualitäten voll ausbilden können, und schließlich im Alter in einen Lebensabend mündet, der von Reife und gelassener Harmonie geprägt ist. Allerdings ist es nur Ausnahmeweinen gegeben, alle diese Lebensphasen gut zu überstehen. Die einen sind verschlossen und sperrig in der Jugend, die anderen dafür bitter und ungenießbar im Alter. Zu wirklicher Größe reifen nur Ausnahmen. Und genau von denen sprechen wir jetzt.

Was heißt eigentlich »reifen«? In der Flasche ist ein kleiner Vorrat an Sauerstoff im Wein gebunden, und dieser reagiert langsam mit seinen verschiedenen Bestandteilen, er oxidiert. Dabei wird das Tannin milder, Farbstoffe fallen aus und bilden ein Depot in der Flasche. Die primären Fruchtaromen aus der Traube und die sekundären, die bei der Gärung entstehen, verändern sich und treten in den Hintergrund. Dafür entwickeln sich die sogenannten Tertiäraromen, eben Moder, Keller und Stall. Freundlicher ausgedrückt kann man es auch so beschreiben: Es bilden sich herbstliche Töne heraus, die an Unterholz, Leder und Pilze erinnern. Hinzu tritt oft noch der Beitrag vom Eichenfass, der diese Entwicklung mit Aromen von Vanille, Toast und Kaffee ergänzt und unterstützt.

In Europa hat es Tradition: Wein gehörte seit jeher zum Essen. Er schmeckte nicht nur gut dazu, er machte die Speisen auch bekömmlicher. Und das ist bis heute so geblieben. Reife schwere und tanninreiche Weine passen gut zu den kräftigen, gehaltvollen Speisen einer traditionellen Küche. An diese primäre Rolle muss man denken, wenn man Weine dieser Familie verkostet. Wer sie für sich allein genießt, steht gewissermaßen nur auf einem Bein.

Leitaromen: Kirschen, Herbstlaub

nuits-st-georges
burgund

Nuits-St-Georges verstehen

Man kann es wieder und wieder versuchen, der Magie der Weine von der Côte d'Or auf die Spur zu kommen, sie werden ihr Geheimnis wohl nie ganz preisgeben. Sie wachsen an einem nach Südosten offenen Abbruchhang, der sie gegen Westen vor Wind und Regen schützt, aber schon am frühen Morgen wie auf einem Tablett der Sonne entgegenhält. Oben geht der Hang in ein Kalksteinplateau über, aus dem Geröll und Schotter in die aus Mergel und Sand aufgebauten Weinberge bröckelt und die ohnehin schon vielfältige Geologie bereichert. Im nördlichen Teil dieses goldenen Hangs, der Côte de Nuits, dominiert der Pinot noir die Rebberge, eine notorisch schwierige und launische Rebsorte, die nur an idealen Standorten echte Höchstleistungen erbringt. Vielleicht brauchte es die Hingabe und Leidenschaft der Mönche, die im Wein immer mehr sahen als nur ein Getränk, um aus all diesen verschiedenen Elementen über die Jahrhunderte hinweg das herauszukristallisieren, was wir heute als gleichzeitig sinnliches und erhabenes Weinerlebnis genießen dürfen: Eben die Magie der Weine von der Côte d'Or.

Die Weine der Côte d'Or werden in vier Klassifikationen eingeteilt: Die Spitze der Pyramide bilden die 32 Grands Crus. Sie tragen nur den Namen der Einzellage auf dem Etikett. Gleich darunter liegen die rund 300 Premiers Crus, auf deren Etikett Gemeinde- und Lagenname in gleicher Größe erscheinen. Es folgen die Villages-Appellationen mit dem Gemeindenamen (eventuell in kleinerer Schrift auch dem Lagennamen) und schließlich die einfachen Gebietsweine, die nur die Angabe »Appellation Bourgogne« tragen dürfen.

Nuits-St-Georges genießen

Auge: Tiefes leuchtendes Purpurrot. Oft sind die Weine aus der Pinot-noir-Traube etwas enttäuschend in der Farbe.

Nase: In den jungen Weinen dominieren noch die Fruchtaromen: rote Beeren wie Himbeeren, Johannisbeeren oder Erdbeeren. Dazu treten die dunkleren und wärmeren Düfte von schwarzen Kirschen und (getrockneten) Pflaumen. Mit der Reife entwickeln sich Aromen von Leder, Unterholz, Wild und Pilzen, die mit der Frucht zu einem unvergleichlich verführerischen Bukett verschmelzen.

Gaumen: In der Jugend kann das Tannin noch ganz schön zupacken, schon bald wird es aber süß und mild. Eine weiche und doch saftige Säure bildet das Gegengewicht zur opulenten »Süße« der Frucht.

Das passt dazu: Die herbstlichen Noten eines reifen Burgunders verbinden sich perfekt mit Wildgerichten: Reh- oder Hasenrücken, Hirschmedaillons, Ente und Fasan, aber auch Coq au vin oder Bœuf bourguignon.

Riojaweine lagern lange in den Barricas

Leitaromen: Backpflaumen, Karamell, Vanille

rioja reserva
spanien

Rioja verstehen

Als im 19. Jahrhundert die Reblaus in Frankreich wütete und praktisch den ganzen Rebbestand vernichtete, wanderten viele Winzer aus dem Bordelais über die Pyrenäen ins benachbarte spanische Rioja-Gebiet, wo das unheimliche Tierchen noch nicht zugeschlagen hatte. Sie brachten viel weintechnisches Know-how mit, das den spanischen Weinbau nachhaltig und tief greifend verändert hat. Insbesondere lehrten sie ihre Kollegen den Gebrauch des kleinen Eichenfasses, des Barrique. Bis heute sind die spanischen Kellermeister weit über das Rioja-Gebiet hinaus in die süßen Vanille- und Karamellnoten der »Barricas« verliebt, vor allem in das ganz besondere Aroma, das ihnen das amerikanische Eichenholz verleiht.

Die spanische Rotweintraube par excellence heißt Tempranillo. Mit ihren kleinen, farbintensiven und dickschaligen Beeren ist sie so etwas wie ein spanischer Cabernet Sauvignon. Wie dieser verleiht sie den Weinen viel Farbe und Extraktstoffe. Traditionellerweise lagern die Riojas jahrelang im Fass, verlieren dabei etwas an Farbe und Frucht, gewinnen dafür aber die typische Herbheit und den charakteristischen Vanilleton. Heute bereiten viele Winzer Weine in einem moderneren Stil mit mehr Frucht und saftiger Säure. Für Reservas sind drei Jahre Lagerung vorgeschrieben (davon eins in Barricas), für Gran Reservas fünf (davon zwei in Barricas).

Rioja genießen

Auge: Dunkles Rubinrot mit orangefarbenen Reflexen, eine längere Lagerung hellt die Farbe deutlich auf.

Nase: Der typische Duft des Rioja ist eine Mischung aus Noten von reifen schwarzen Steinfrüchten (auch Backpflaumen) und Beeren und dem schwer definierbaren Aroma der amerikanischen Eiche, das an leicht verbrannten süßen Karamell und Vanille erinnert. Dazu treten Gewürze (Zimt, Lorbeer) und Reifetöne: Leder, Tabak und Rauch.

Gaumen: Eine dezente Säure und feines Tannin begleiten die Eichensüße. Mit der Reife wird ein guter Rioja immer sanfter und edler.

Das passt dazu: Junger Rioja schmeckt hervorragend zu scharf gewürzten kleinen Bratwürsten, reiferer auch zu den vielen Eintopfvarianten Spaniens mit Gemüse, Geflügel, Speck und Schinken. Rioja kann aber auch bei der internationalen Küche mithalten und vermählt sich sehr gut mit fast allen Rind- und Lammgerichten.

VORBEREITUNG

Einkaufen
Guten Rioja findet man im Fachhandel, aber auch in vielen Kaufhäusern und Supermärkten mit Weinabteilung. Preis: 10–18 Euro.

Ausschenken
Alter: Wenn der Rioja auf den Markt kommt, ist er in der Regel schon trinkreif, kann aber ohne Weiteres noch mit Gewinn einige Jahre im Keller liegen bleiben.
Temperatur: 16–18 °C braucht Rioja, um sich entfalten zu können.

Leitaromen:
verblühte Rosen, Teer

barolo
piemont

Barolo verstehen

Die stolze Aussage Barolo sei »il vino dei re« und »il re dei vini« stimmt in beide Richtungen: Ein französischer Önologe hat diesen Wein im 19. Jahrhundert geschaffen und damit den an französische Weine gewöhnten Geschmack des neuen italienischen Königshauses perfekt getroffen. Und umgekehrt hat sich dieser neue Wein rasch die Achtung und Bewunderung der Weinliebhaber in Italien und am französischen Hof erobert. Er wird zu 100 % aus der Nebbiolo-Traube gekeltert, die so spät reift, dass zur Lesezeit schon die Nebel (»nebbia«) durch die Täler ziehen. Elf Dörfer südwestlich der Trüffelstadt Alba mit zusammen gerade mal 1000 ha Anbaufläche sind berechtigt, diesen königlichen Namen auf das Etikett zu schreiben.

Nach der meist extrem langen Gärung auf der Maische sind die jungen Weine so voll von überbordendem Tannin und Extrakt, dass es Jahre der Fasslagerung bedarf, um sie zu zähmen. Drei Jahre sind für die einfache Version vorgeschrieben (davon zwei im Holzfass) und fünf für die Riserva. Die im traditionellen Stil bereiteten Weine benötigen aber weit mehr Zeit. Erst dann beginnen sie ihre Größe zu zeigen, die sich an Macht, Ernst und Majestät höchstens mit dem Brunello di Montalcino vergleichen lässt.

Eine neue Generation von Winzern versucht seit gut zwei Jahrzehnten, diesem traditionellen Stil einen moderneren, zugänglicheren entgegenzustellen. Daraus entwickelte sich so etwas wie ein kleiner Glaubenskrieg der »Traditionalisti« gegen die »Modernisti«. Inzwischen haben sich die Wogen geglättet, und beide Lager leben in friedlicher Koexistenz nebeneinander.

Barolo genießen

Auge: Die Farbe des Barolo kann enttäuschen, sie ist selten wirklich tief und strahlend. Ihr Rubinrot besitzt meist schon orange Reflexe der Reife.

Nase: In seinem Duft zeigt er jedoch bereits seine Größe. Er ist voll, ausladend und vielschichtig. Bis weit in die Reife hinein kann man deutliche Fruchtnoten (gekochte Zwetschgen, schwarze Kirschen) entdecken. Typisch ist ein feiner und edler Duft nach verblühten Rosen. Dann folgen die Aromen von Teer, Herbstlaub, Pilzen (Trüffeln) und Edelhölzern (Zedern).

Gaumen: Der Geschmack ist tief und voll. Das Tannin wird erst mit den Jahren mild, dann aber fast süß. Reifer Barolo verbindet Majestät und Wucht mit der Sanftheit herbstlicher Fülle.

Das passt dazu: Ideale Partner sind Wintergerichte: Brasato al Barolo (Rinderschmorbraten) und geschmorter Ochsenschwanz, vor allem aber Wild (Wildschwein, Hase) und Wildgeflügel in allen Zubereitungsarten.

brunello di montalcino
toskana

Brunello verstehen

Die Familie der Sangiovese-Weine aus der Toskana hat viele berühmte Mitglieder: Chianti, Vino Nobile di Montepulciano und Morellino. Der aristokratischste Spross heißt jedoch zweifelsohne Brunello di Montalcino. Nach dem Prinzip »nur die Besten überleben« durchsuchte Ferruccio Biondi Santi aus Montalcino nach der Reblauskatastrophe seine Weinberge. Er wählte nur die Pflanzen aus, die die Krankheit am wenigsten mitgenommen hatte. Daraus selektionierte er einen ganz bestimmten und besonders hochwertigen Klon des Sangiovese, mit dem er seine Weinberge neu bepflanzte, den Brunello. Als zweite Neuerung verschnitt er seinen Wein entgegen dem allgemeingültigen Brauch nicht mit verschiedenen anderen Rebsorten, sondern vinifizierte ihn reinsortig. Zudem legte er diese Weine für vier Jahre ins Fass, um ihnen eine lange Haltbarkeit mitzugeben. Sein großes Vorbild waren dabei natürlich die von ihm bewunderten Piemonteser mit ihrem bereits legendären Barolo.

Montalcino liegt in der Provinz Siena im Süden der Toskana. Die Landschaft wird hier offener, und das Klima ist wärmer als im Chianti-Gebiet. Die Trauben reifen daher zuverlässiger und erbringen Weine mit vollerem Körper und vielschichtiger Komplexität. Fünf Jahre muss ein Brunello in der Kellerei reifen, bevor er auf den Markt gebracht werden darf, zwei davon im Eichenfass, die Riserva sogar sechs Jahre (ebenfalls zwei im Fass).

Leitaromen: Sauerkirschen, Leder

Brunello genießen

Auge: Ins tiefe Rubinrot des Brunello mischen sich immer orange Reflexe, die eine erste Reife andeuten.

Nase: Der Duft des Brunello ist außergewöhnlich reich und intensiv mit immer wieder neuen Schichten und Facetten. Dunkle Beeren und Steinfrüchte stehen im Vordergrund (schwarze Kirschen, Brombeeren, Heidelbeeren und Backpflaumen). Es folgen Gewürze wie Pfeffer, Nelken, Wacholder, ja sogar das Aroma von Lebkuchen. Mit der Reife kommen Leder-, Teer- und Schokoladenaromen dazu und aus dem Eichenfass Karamell und Vanille.

Gaumen: Das Tannin ist durchaus präsent, aber fein und edel. Ein angenehm erdiger Geschmack gibt uns die Bodenhaftung zurück. Die Säure ist rund und mild und deutlich weniger präsent als bei den meisten Chianti.

Das passt dazu: Dieser große adlige Wein entfaltet sich am besten in ebenbürtiger Gesellschaft: in Rotwein geschmorte Rinderbäckchen oder Ochsenschwanz, Lammkeule aus dem Ofen mit Kräuterkruste oder die berühmte Bistecca fiorentina, das dicke gegrillte Steak vom jungen Rind. Wunderbar vermählt er sich aber auch mit gebratener Ente oder Taube.

VORBEREITUNG

Einkaufen
Es muss nicht unbedingt ein Biondi-Santi sein. Wir empfehlen Ihnen den Fachhandel, in jedem Fall müssen Sie bei diesem Wein etwas tiefer in die Tasche greifen. Preis: 15–20 Euro.

Ausschenken
Alter: 10–15 Jahre lang reift ein Brunello immer mit Gewinn. Große Jahrgänge sogar noch weit darüber hinaus.
Temperatur: Holen Sie den Wein rechtzeitig aus dem Keller. 16–18 °C sollte er haben.

die vier
schaumweinstile

Schaumweine sind ein Fest der Sinne: Ihr Perlenspiel macht das Glas für Augenblicke zum glänzenden Mittelpunkt. Es muss deshalb immer hoch sein, elegant und schlank. Man füllt es bis zu drei Vierteln voll, denn nur so können die Perlen auf einem langen Weg ihr Spiel entfalten.

Schaumwein gibt es wie die stillen Weine in allen Farben (von weiß über rosé bis rot), Qualitäten (von billig und banal bis hochkomplex und teuer) und Süßegraden (von knochentrocken bis richtig süß). Die meisten sind jedoch weiß und trocken bis halbtrocken.

Leichte Schaumweine

Sie sind Partyweine, ihr Charakter ist einfach und unkompliziert. In der Regel werden sie im Tankgärverfahren hergestellt. Gutes Ausgangsmaterial und saubere Verarbeitung sind natürlich auch bei diesen Weinen die Voraussetzung für ein ungetrübtes Vergnügen. Prosecco ist ihr Prototyp, es gibt aber in fast jedem Land einfache Schaumweine dieser Kategorie.

Komplexe Schaumweine

Ihr Prototyp ist der Champagner. In dieser Region wurde das aufwendige Verfahren der Flaschengärung entwickelt, das den Weinen Komplexität, Finesse und Schmelz verleiht. Fast überall auf der Welt werden heute Schaumweine nach diesem Verfahren produziert: in Italien die Weine aus der Franciacorta, in Spanien die Cavas und in allen Regionen der Neuen Welt (vor allem Kalifornien, Australien und Neuseeland) Weine von zum Teil erstaunlicher Qualität.

Aromatische Schaumweine

Sie sind eine Untergruppe der körperreichen Schaumweine. Bei ihnen steht die intensive Aromatik der Rebsorte aber so stark im Vordergrund, dass wir sie gesondert behandeln. Besonders eindrucksvolle Weine werden aus der Riesling-Traube gekeltert.

Liebliche Schaumweine

Wer es nicht ganz knochentrocken mag, kann zwischen allen Stufen von 0 bis über 50 g Zuckergehalt wählen. Ein wenig Milde rundet fast jeden Schaumwein ab und unterstreicht seinen Schmelz. Bei den aromatischen Rebsorten bringt sie die Duftigkeit der Traube erst richtig zur Entfaltung.

Dass ein Schaumwein sich hervorragend als Aperitif eignet, wissen wir alle. Es wäre aber schade, ihn auf diese Rolle zu beschränken. Er passt als luxuriöser Begleiter zu jedem Gang einer Mahlzeit. Einzige Bedingung: Die Speisen müssen seiner Ausstrahlung von Luxus standhalten können.

prosecco di valdobbiadene
veneto

Prosecco verstehen

Der Prosecco hat eine geradezu kometenhafte Karriere hinter sich. Wer allerdings geglaubt hat, dass er wie ein Komet auch schnell wieder verglühen werde, muss erstaunt feststellen, dass er sich bestens als unkomplizierter anregender Prickler für zwischendurch etabliert hat.

Die gleichnamige Rebsorte wächst im Schutze der Alpen in einer schönen Hügelzone zwischen den beiden Dörfern Conegliano und Valdobbiadene nördlich von Treviso. Sie wurde wohl schon von den Römern hier angepflanzt. Die aus ihr gekelterten Weine sind eher neutral und haben meist wenig Körper und Alkohol. Wahrscheinlich hatte der Prosecco aus ganz natürlichen Gründen schon immer eine gewisse Affinität zu den Bläschen: Seine Trauben reifen trotz des milden Klimas spät, die Gärung zog sich deshalb früher oft bis in den Winter hinein und kam durch die Kälte zum Erliegen. Die Wärme des nächsten Frühjahrs weckte den Wein wieder auf, er begann sich in den Flaschen zu regen und bekam Bläschen. Innerhalb der Prosecco-Zone ragt die Unterappellation Cartizze mit besonders guten Weinen heraus.

Den Schritt zur bewussten Schaumweinherstellung machte Ende des 19. Jahrhunderts Antonio Carpenè mit traditioneller Flaschengärung wie in der Champagne. Heute wird aber allgemein das wesentlich kostengünstigere Tankgärverfahren angewendet.

VORBEREITUNG

Einkaufen
Die bekannten großen Marken sind alle o.k. Neben dem Giganten Carpenè Malvolti findet man bei uns auch kleinere Erzeuger wie Adami, Bisol, Nino Franco, Ruggeri und andere, die einen guten Prosecco produzieren. Auf dem Etikett sollte »Spumante brut«, »Spumante secco« oder »Extra dry« stehen. Preis: 6–12 Euro.

Ausschenken
Alter: Auf dem Etikett steht kein Jahrgang. Wenn der Prosecco in den Verkauf kommt, ist er trinkfertig und sollte bald getrunken werden.
Temperatur: Richtig schön kühl schmeckt er am besten (6–8 °C).

Prosecco genießen

Auge: Die Farbe des Prosecco ist eher hell und blass: ein Strohgelb mit einem leicht graurosa Schleier. Die Perlage (Bläschen) hält meist nicht besonders lange an.

Nase: Der Duft ist eher mild. Man kann Noten von Lindenblüten, Birnen(-bonbons), Ananas und Mandeln entdecken.

Gaumen: Im Mund fühlt er sich mild und sanft an. Die leichte Bitternote im Abgang ist sortentypisch und wird oft mit etwas Restsüße ausgeglichen.

Das passt dazu: Prosecco ist ein fröhlicher Aperitif und trägt bei einer Party zur Stimmung bei, ohne große Ansprüche zu stellen. Etwas Partygebäck, Chips und Erdnüsse passen gut zu ihm. Man kann Prosecco aber auch zu einem einfachen Fischgericht oder zu Muscheln servieren.

Leitaromen: Birnen, Lindenblüten, Mandeln

cava spanien

Cava verstehen

Nach dem berechtigten Protest der Franzosen gegen den ursprünglichen Namen »champaña« sah sich Don José Raventós Ende des 19. Jahrhunderts gezwungen, seinen neu geschaffenen Schaumwein umzubenennen. Er entschied sich einfach für »cava«, Keller. Das geografische Herkunftsgebiet ist damit in keiner Weise definiert, es ist über halb Spanien verstreut, liegt aber zu 99 % in Katalonien, und dort wiederum hauptsächlich im kühlen und hügeligen Gebiet rund um die Stadt San Sadurní de Noya südwestlich von Barcelona. Die enorme Produktion von über 1 500 000 hl hat Cava aber erst seit dem letzten Viertel des 20. Jahrhunderts erreicht.

Inzwischen hat er sich zu einem Wein mit einer selbstständigen und unverwechselbaren Persönlichkeit entwickelt, die sich längst vom französischen Vorbild emanzipiert hat. Drei Rebsorten, die auf unterschiedlichen Höhen und auf verschiedenen Böden wachsen, schenken ihm den eigenständigen Charakter: Macabeo bildet die Basis, er verleiht dem Wein Säure und Frische. Xarello trägt das leicht erdige Aroma bei, und die edle Parella verleiht ihm Schmelz und Finesse. Chardonnay und rote Rebsorten spielen in den letzten Jahren ebenfalls eine Rolle. Cava wird immer im Flaschengärverfahren hergestellt. Gerüttelt wird aber kaum noch von Hand, das machen jetzt riesige Maschinen, die Gyropaletten.

Leitaromen:
grüne Äpfel, Zitrone

Cava genießen

Auge: Cava strahlt mit einem hellen Goldton im Glas. Der zuerst oft etwas stürmische Schaum geht in eine schöne, feine und dichte Perlage (Bläschen) über.

Nase: Die Weine sind recht unterschiedlich, oft bleiben sie eher neutral und deutlich hefig, meist sind sie aber von frischer Apfel- und Zitrusfruchtigkeit geprägt. Fast immer riecht man eine deutlich erdige Note.

Gaumen: Im Mund wirkt Cava wegen seiner kräftigen Perlage und seiner anregenden Säure frisch und lebendig. Er ist meist angenehm körperreich.

Das passt dazu: Cava ist ein edler Schaumwein, der festliche Gelegenheiten wie Empfänge und andere Anlässe verschönern kann. Auch als Aperitif eignet er sich wegen seiner appetitanregenden Frische hervorragend. Beim Essen kann er sehr schön edle Fischgerichte oder Pasteten begleiten.

winzersekt riesling
deutschland

Leitaromen: grüne Äpfel,
weiße Pfirsiche, Honig

Winzersekt verstehen

Drei Voraussetzungen muss die ideale Rebsorte für einen Schaumwein mitbringen. Sie sollte eine ausgeprägte, frische, ja rassige Säure mitbringen. Ihr Bukett muss elegant und deutlich wahrnehmbar sein. Und der Alkoholgehalt sollte nicht zu hoch sein, denn bei der zweiten Gärung entsteht nochmals Alkohol. Diesen drei Kriterien entspricht der Riesling in geradezu idealer Weise. Wo Riesling in Deutschland wächst, wird deshalb meist auch Sekt gekeltert. Besonders eindrucksvolle Beispiele stammen aus der Pfalz.

Aber die Unterschiede sind groß, Sekt ist nicht gleich Sekt! Für 3–4 Euro die Flasche kann man kein hochwertiges Produkt erwarten. 90 % der Grundweine dieser Sekte stammt denn auch gar nicht aus Deutschland. Das Gegengewicht zu dieser Massenware bilden seit den 80er-Jahren immer mehr kleine und mittelgroße Produzenten, die echten deutschen Winzersekt aus deutschen Trauben nach dem Flaschengärverfahren herstellen. Auf dem Etikett stehen die Rebsorte, der Erzeuger, die Region und der Jahrgang (wird der angegeben, müssen 85 % der Trauben auch wirklich aus diesem Jahr stammen). Folgende Begriffe bezeichnen den Restzuckergehalt pro Liter: Extra Brut (unter 6g/l), Brut (unter 15g/l), Extra Trocken (12–20 g/l), Trocken (17– 35 g/l), Halbtrocken (32–50 g/l), Mild (über 50 g/l).

Winzersekt genießen

Auge: Sehr heller Goldton und eine schöne, lang anhaltende Perlage (Bläschen), die noch Minuten nach dem Einschenken als feine Fäden durch den Wein zieht.

Nase: Riesling-Sekt duftet frisch und aromatisch. Deutlich erkennbar sind die typischen Rieslingnoten: grüne Äpfel, weiße Pfirsiche und Honig.

Gaumen: Im Mund verschmelzen die Duftaromen mit der feinen, aber sehr präsenten Säure zu einem Gesamtbild von Finesse, Eleganz und Schmelz. Wunderbar ist die oft fast kristalline Transparenz der unterschiedlichen Aromen.

Das passt dazu: Die frische Säure eines Riesling-Sekts regt als Aperitif den Appetit an und begleitet feine Vorspeisen mit Süßwasserfisch oder Pasteten. Auch für ein Sektfrühstück eignet er sich wunderbar: Er weckt die Geister, hebt die Stimmung und schenkt uns Ideen.

Die charakteristischen
Hügel des Asti-Gebiets

moscato d'asti
piemont

Moscato d'Asti verstehen

Der Moscato d'Asti wird wie auch der Asti, den man früher Asti Spumante genannt hat, aus der Rebsorte Moscato hergestellt. Beide stammen aus einem Gebiet, das die Provinzen Asti, Cuneo und Alessandria im Piemont umfasst. Dann aber enden die Gemeinsamkeiten auch schon. Der Asti (Spumante) ist ein Industrieprodukt mit einer gigantischen Produktion von jährlich über 80 Millionen Flaschen, die zum größten Teil in die ganze Welt verschickt werden. Demgegenüber gehört der Moscato d'Asti zu den Perlen des italienischen Weinbaus. Er wird weitgehend von kleinen Herstellern produziert, die auf Individualität, Ausdruckskraft und Charakter Wert legen und deshalb für ihn die besten und reifsten Trauben reservieren. Charakteristisch für den Moscato ist sein erstaunlich niedriger Alkoholgehalt (maximal 5,5 Vol.-%). Ein Teil des Zuckers aus den Trauben bleibt unvergoren als Restsüße im Wein zurück und verschmilzt mit den unvergleichlichen Aromen zum ganz eigenen Zauber dieses Weins. Der Innendruck in den Flaschen ist mit weniger als 1 bar wesentlich geringer als bei den echten Schaumweinen (3,5 – 4 bar). Der Korken muss deshalb nicht mit einem Drahtkorb gesichert werden.

VORBEREITUNG

Einkaufen
Wir stellen ein großes Warnschild vor dem Asti (Spumante) auf. Zwar soll sich auch hier die Qualität etwas verbessert haben, er gehört aber zu einer völlig anderen Welt. Einen guten Moscato d'Asti finden Sie im Fachhandel. Preis: 6 – 10 Euro.

Ausschenken
Alter: Mit jedem Jahr verwelkt ein Teil des Charmes dieses Weins. Sie sollten ihn so jung wie möglich genießen, der Jahrgang steht auf dem Etikett.
Temperatur: Frische ist die Seele dieses Weins, und so soll auch die Temperatur sein (6 – 8 °C).

Moscato d'Asti genießen

Auge: Der Moscato d'Asti hat einen hellen, strahlenden Goldton und eine schöne sanfte Perlage (Bläschen).

Nase: Er verströmt einen intensiven Duft nach Muskateller-Trauben, Glyzinien, Akazien- und Orangenblüten und nach Birnen, Aprikosen und würzigem Berghonig.

Gaumen: Im Mund finden die vielen Aromen in der Restsüße ihre Bestimmung und Erfüllung. Die angenehme Säure unterstützt die Frische der Muskateller-Frucht.

Das passt dazu: Vor allem Süßspeisen wie verschiedenes Gebäck. Besonders gut passt Panettone, aber auch Apfeltarte, Birnen im Blätterteig und vieles mehr schmecken sehr gut zum Moscato.

Leitaromen: Muskateller-Trauben, Akazienblüten, Birnen

die vier aperitif-
und dessertweinstile

Wein ist ein verderbliches Gut, er stellt hohe Anforderungen an die Hygiene und verträgt Wärme, Sauerstoff, Licht und Gerüttel schlecht. Das stellte die Weinhändler bis in die jüngste Zeit vor größte Probleme. Sie waren unterwegs mit Ochsenkarren, Maultieren und Lastkähnen, die Fässer selten besonders sauber und dicht. Nur allzu oft kam daher statt eines köstlichen Tropfens saurer Essig beim Kunden an. Sie mussten den Wein also stabilisieren, und da gab es bis ins Mittelalter hinein nur ein Konservierungsmittel: Süße. Man ließ die Trauben überreif werden und trocknete sie an der Sonne zu Rosinen, oder man mischte einfach Honig in den Wein. Süße Weine sind daher wohl so alt wie der Wein selbst. Doch die Süße war rar und luxuriös, denn der Zucker war noch nicht erfunden, und die Bienen konnten bei allem Fleiß auch nicht mehr liefern, als die Blüten hergaben.

Im kühlen Norden hatte man außerdem ein Problem, denn man konnte die Trauben nicht so einfach an der Sonne trocknen lassen wie im Süden. Edelfäule und Eiswein traten als neue Verfahren an die Stelle des Trocknens, dies allerdings erst sehr viel später.

Im Mittelalter fanden die Alchemisten schließlich noch einen anderen Weg, um Weine haltbar und transportfähig zu machen. Sie entdeckten, dass man aus Wein auch Alkohol destillieren konnte und dass der so gewonnene »Weingeist« zwei sensationelle Eigenschaften besaß: Schüttete man etwas davon in den Wein, so ließ er sich bis nach England verschiffen, ohne zu verderben. Außerdem konnte man mit ihm die Gärung stoppen, bevor der ganze Fruchtzucker in Alkohol umgewandelt war. Der süße, mit Alkohol verstärkte Wein war erfunden.

Zwar wurden all diese Verfahren und Techniken aus der Not geboren, aber sie öffneten Tür und Tor für ganz neue Weinstile, die sich je nach Gegend weiterentwickelt haben und heute eine eigene Weinwelt darstellen.

Bei den verstärkten Weinen waren vor allem die Briten von der eher kühlen Insel besonders kreativ. Je nach politischer Großwetterlage mussten sie ihre Weine aus dem entfernten Spanien, Portugal oder Sizilien importieren statt vom nahe gelegenen Hafen in Bordeaux. So (er)fanden sie den Portwein, den Sherry, den Madeira und den Marsala. Unser Dank ist ihnen gewiss!

Leitaromen: Hefe,
Bittermandeln, Salz

sherry fino
andalusien

Sherry Fino verstehen

Den Namen Sherry erfanden die Engländer, weil sie mit der Aussprache des Ortsnamens Jerez ihre liebe Mühe hatten. Um dieses Weinbauzentrum herum liegen die Weinberge auf blendend weißen, stark kreidehaltigen Böden. Sie haben eine für diese niederschlagsarme Gegend einmalige Eigenschaft: Sie können das Wasser speichern und vor der Verdunstung bewahren. Die vorherrschende Rebsorte Palomino erbringt nirgendwo sonst auf der Welt nennenswerte Weine, nur hier in Andalusien geschieht das Wunder. Es beruht auf dem Boden, der Rebsorte, dem Klima und in ganz entscheidender Weise auf der speziellen Weinbereitung. Der vollständig durchgegorene Wein wird durch Zugabe von Alkohol auf 15,5 Vol.-% verstärkt und in nur zu fünf Sechstel gefüllte Fässer umgezogen. Nun entwickelt sich auf der Oberfläche des Weins, durch den Sauerstoff und den Alkohol genährt, eine Florhefe, die ihn vor Oxidation schützt und ihm gleichzeitig sein unvergleichliches Aroma gibt. Dieser Prozess wird durch das Solera-System verlängert: In einer dreistufigen Fasspyramide wird der Wein aus der untersten Fasslage entnommen und aus den oberen wieder aufgefüllt. So werden der Florhefe immer wieder neue Nährstoffe zugeführt, und der Wein kann unter ihr über Jahre hinweg reifen. Im Lauf der Jahre mischen sich die Jahrgänge in der Solera zu einem einheitlichen Stil. Der so gewonnene Wein heißt Fino, ist trocken, von erfrischender Leichtigkeit und nachhaltiger Intensität.

Sherry Fino genießen

Auge: Die Farbe ist sehr hell, klar und glänzend, sie bringt eher die Feinheit und Frische als die Kraft des Weins zum Ausdruck.

Nase: Der Duft ist sehr charakteristisch: gleichzeitig zart und kraftvoll, delikat und intensiv. Blumige und fruchtige Aromen sind kaum wahrzunehmen, dafür die aus der Hefe und der Reife stammenden Noten von Brotrinde, Mandeln, Nüssen, Oliven, Gewürzen (Kamille, Sojasauce) und medizinischen Tönen wie Jod.

Gaumen: Sherry Fino ist knochentrocken, daran muss man sich vielleicht erst einmal gewöhnen. Dann entwickelt er aber eine große Feinheit und Frische im Mund, die noch lange nachwirkt. Vielleicht entdecken Sie seine typische Salzigkeit im Abgang.

Das passt dazu: Grüne Oliven oder Salzmandeln, wenn man ihn als Aperitif reicht. Beide Aromen korrespondieren direkt mit denen des Weins. Auch kleine Häppchen wie Chorizo-Scheiben, mit Sardellen gefülltes Gebäck oder Serrano-Schinken passen hervorragend.

Sonnengetrocknete
Trauben auf Pantelleria

moscato passito
di pantelleria sizilien

Moscato Passito verstehen

Auf der kleinen Vulkaninsel Pantelleria zwischen Sizilien und Afrika wächst einer der größten Süßweine Italiens. Der Wind bläst hier so unbarmherzig, dass die Reben nur tief am Boden in Strauchform gezogen werden können und zusätzlich einzeln in kleinen Kuhlen durch halbkreisförmige Steinwälle geschützt werden. Schon im 7. oder 8. Jahrhundert v. Chr. verehrten die Phönizier auf Pantelleria die Moscato-Traube, die hier Zibibbo genannt wird. Der Grund: ihre Liebesgöttin Tanit soll mit einem Wein aus dieser Traube sogar den Gott Apollo verführt haben. Der Arme kannte bisher nur Ambrosia. Die besten und gesündesten Trauben werden im August auf Matten in die Sonne gelegt und einige Tage getrocknet. Aus den Rosinen keltert man dann Moscato Passito. Der Alkoholgehalt muss mindestens 14 Vol.-% betragen und der Restzucker 110 g pro Liter.

Moscato Passito genießen

Auge: Der Wein leuchtet in einem tiefen Goldton, der manchmal auch zu Bernstein tendieren kann. Seine hohe Konzentration erkennt man beim Schwenken an der öligen, viskösen Konsistenz.

Nase: Der Duft ist schwer und überwältigend. Man riecht die Aromen von einem ganzen Korb von Trockenfrüchten (Aprikosen, Feigen und Orangeat). Dazu gesellen sich solche von Quitten, Orangen, Walnüssen, Gewürzen (Zimt, Muskat), Karamell, Honig und vielem mehr.

Gaumen: Eine reiche Süße und eine warme ölige Wärme breiten sich im Mund aus. Das Gegengewicht dazu leistet eine lebhafte Säure. Sie bewirkt, dass der Wein nicht pappig süß, sondern frisch und sauber wirkt. Ein nahezu unendlicher Abgang beschließt dieses Feuerwerk.

Das passt dazu: Die Italiener nennen Weine dieses Formats: »vini da meditazione«, Weine zum Nachdenken oder Träumen. Mit pikantem Käse oder Blauschimmelkäse ergibt sich ein herrliches Spannungsfeld zwischen süß und salzig. Auch mit einer Gänse- oder Entenleberpastete vermählen sie sich wunderbar.

Leitaromen:
Trockenfrüchte (Aprikosen, Feigen), Walnüsse, Honig

ruster ausbruch
neusiedler see

Leitaromen:
Aprikosen, Honig

Ruster Ausbruch verstehen

Ganz im Osten Österreichs, an der Grenze zu Ungarn, liegt der Neusiedler See, ein 320 km² großer Steppensee. Trotz seiner enormen Ausdehnung hat er lediglich eine Tiefe von 70 bis 150 cm. Das flache Wasser heizt sich im Sommer sehr rasch auf und speichert die Wärme bis tief in den Herbst hinein. Wenn die Tage kühler werden, bilden sich über dem See und an den flachen Ufern dichte Nebel, die die Herbstsonne wärmend durchdringt. Der See dampft warm in die Rebzeilen hinein. In diesem Waschhaus- oder Saunaklima entwickelt sich auf den Trauben überall die Botrytis genannte Edelfäule. Sie perforiert die Beerenhäute, sodass Wasser entweichen kann und sich im Innern der Trauben alle Inhaltsstoffe, vor allem Zucker und Säuren, konzentrieren. Früher wurde hier wie im ungarischen Tokaji vor allem die Furmint-Rebe angepflanzt, heute sind es überwiegend die Sorten Welschriesling, Chardonnay, Pinot blanc und Traminer.

Die nur 1700 Einwohner zählende malerische Stadt Rust, die dem Wein seinen Namen gab, ist auch berühmt für die vielen Störche, die im flachen Wasser des Sees reichlich Frösche als Nahrung finden.

Ruster Ausbruch genießen

Auge: Ruster Ausbruch leuchtet mit tiefem Gold im Glas, das auch bernsteinfarbene Reflexe annehmen kann.

Nase: Der Duft dieser Weine ist überwältigend, üppig und sehr vielschichtig. Süße gelbe und überreife Früchte stehen im Vordergrund: Aprikosen, Quitten, Pfirsiche, Ananas und Birnen. Hinzu treten frische würzige Aromen von Meerrettich und Ingwer. Darüber schweben schließlich die Düfte von Lindenblüten und Jasmin. Das Herz dieser Duftwolke ist aber süß: Honig und Karamell.

Gaumen: Der Geschmack ist in der Regel durch eine frische, weinige Säure gut strukturiert und nicht übermäßig süß.

Das passt dazu: Typisch österreichische Süßspeisen wie Topfenknödel, Palatschinken oder Apfelstrudel. Und wie zu fast allen Süßweinen: kräftige Blauschimmelkäse, die seine Persönlichkeit gerade durch den Kontrast perfekt zur Geltung bringen.

VORBEREITUNG

Einkaufen
Diese Weine finden Sie wahrscheinlich nur im Fachhandel. Preis: 10–15 Euro für die halbe Flasche.

Ausschenken
Alter: Ruster Ausbruch braucht mindestens 5–7 Jahre der Reife, um seine volle Komplexität zu entwickeln. Dann aber ist er fast unsterblich.
Temperatur: Ruster Ausbruch sollte leicht gekühlt serviert werden: 10–12° C.

late bottled vintage port
portugal

Late Bottled Vintage Port verstehen

Wenn man von der Hafenstadt Porto her dem Lauf des Douro etwa 70 km weit ins Landesinnere folgt, kommt man in eine der unwirtlichsten Reblandschaften der Welt: Die Böden bestehen hier oft nur aus nackten Schieferplatten ohne Humus, es ist glühend heiß und regnet nie. Erst in einer Tiefe von ein bis zwei Metern finden die Reben auf diesen Steinterrassen genügend Feuchtigkeit, um zu überleben. Die Engländer entdeckten im 17. Jahrhundert die kräftigen Rotweine, die hier wuchsen. Für den Transport bis ins ferne London mussten sie jedoch mit einem kräftigen Schuss Weingeist haltbar gemacht werden. Die Söhne eines Händlers entdeckten zudem in einem Kloster, dass man diese »Veredlung« schon vor dem Ende der Gärung vollziehen konnte. Der Wein blieb dann süß und war trotzdem stark. Da die Gärung bei dieser Methode aber schon nach zwei bis drei Tagen abgestoppt wurde, konnten sich in der kurzen Zeit nur wenige Extraktstoffe und Farbe aus den Traubenhäuten lösen. Um das zu korrigieren, musste man die Maische in großen Steinbassins mit den Füßen stampfen; heute haben Maschinen diese Arbeit übernommen. In jedem Fall entstehen alkoholstarke, süße und extraktreiche Weine. Es gibt eine ganze Reihe verschiedener Portweinqualitäten und -stile: Zuoberst steht der Vintage Port, er wird nur in den besten Jahren hergestellt und muss mindestens 20 Jahre in der Flasche reifen. Late Bottled Vintage Port stammt ebenfalls aus nur einem Jahrgang, reift aber im Fass. Er wird nach vier bis sechs Jahren in Flaschen gefüllt und ist dann trinkreif. Weiter unten auf der Qualitätspyramide folgen Tawny und schließlich der einfachste: Ruby.

Leitaromen: gekochte Zwetschgen, Feigen, Walnüsse

Late Bottled Vintage Port genießen

Auge: Portwein glüht geradezu mit einem tiefen Rubinrot im Glas.

Nase: Der Duft ist intensiv, wuchtig und vielschichtig: Die Aromen erinnern an eingelegte und eingekochte Früchte wie Zwetschgen und schwarze Kirschen. Hinzu treten die Noten von getrockneten Feigen, Orangen, Nüssen und Gewürzen (Pfeffer, Nelken, Zimt) sowie die von Karamell, Leder und Tabak.

Gaumen: Der Alkohol und die pfeffrige Würze verströmen eine wohlige Wärme, unterstützt von einer dichten, saftigen Konsistenz. Unendlicher Abgang.

Das passt dazu: Portwein genießt man für sich allein oder mit einem Stück Blauschimmelkäse (Roquefort). Kombinationen mit Gänseleber oder süßen Nachspeisen sind möglich, aber nicht zwingend.

wie wein
entsteht

Vor vielen Jahrtausenden stand der Mensch wohl staunend und ehrfürchtig vor dem geheimnisvollen Verwandlungsprozess, der aus einfachem Traubensaft Wein werden ließ. Ebenso wie vor seiner berauschenden Wirkung, die seinem Bewusstsein eine neue Dimension erschließen konnte.

Wissenschaft und Technik haben inzwischen viele Geheimnisse entzaubert, man weiß heute genau, wie guter Wein entsteht. Und dennoch schmeckt jeder Wein wieder anders. Weil er aus unterschiedlichen Rebsorten gekeltert wird und in den verschiedenen Weinbauländern mit ihren unterschiedlichen Klimazonen und Böden immer wieder andere Bedingungen vorfindet. All diese Aspekte machen das Thema Wein so interessant, und deshalb wollen wir uns jetzt etwas genauer damit beschäftigen.

die traube

Wein entsteht im Weinberg, sagen viele Winzer. Und in der Tat steckt in der Traube schon fast alles, was später einmal in der Flasche auf den Tisch kommt. Schauen wir uns die Traube und ihre Bestandteile also etwas näher an, denn jedes ihrer Elemente leistet seinen Beitrag zum Charakter und zur Qualität des fertigen Weins.

Der Stiel oder Traubenkamm

Der verholzte Stamm des Fruchtstands enthält einen hohen Anteil an unerwünschten, harten (eben stieligen) Tanninen und bitteren Geschmacksstoffen. Deshalb sorgt der Kellermeister dafür, dass der Kontakt zwischen Stiel und Most (Traubensaft) so kurz wie möglich ist. Beim Rotwein heißt das, die Trauben müssen vor der Gärung in einer Entrappmühle ganz oder teilweise entstielt werden. Nur wenige Winzer (vor allem im Burgund) sind da anderer Ansicht. Sie schätzen den Tanninbeitrag, den die Stiele ihren eher tanninarmen Weinen schenken. Auch beim Weißwein werden die Trauben in der Regel vor dem Mahlen entrappt, obwohl der Most gleich danach, also schon vor der Gärung, von den Schalen (und Stielen) getrennt wird.

Das Fruchtfleisch ist auch bei den roten Trauben farblos

Die Beerenhaut

In ihr (sie wird auch Hülse genannt) stecken die Farb- sowie viele wichtige Aroma- und Gerbstoffe. Je länger Most und Beerenhäute zusammenbleiben, umso intensiver lösen sich diese Stoffe durch den Alkohol, der bei der Gärung entsteht, aus den Häuten. Bei Rotweinen werden die Schalen deshalb immer mit dem Most vergoren. Dadurch erst bekommt er seine rote Farbe, die Fülle des Geschmacks und die edlen Tannine. Bei Weißweinen hingegen soll diese Phase möglichst kurz sein. Das Tannin der Beerenhäute würde dem Wein die Frische nehmen. Man presst ihn also schon vor der Gärung ab.

Das Fruchtfleisch

Es liefert den größten Anteil des im Most enthaltenen Wassers, des Zuckers und der Säuren sowie viele wichtige Aromastoffe. Das Fruchtfleisch ist bei allen Rebsorten (auch den roten) grünlich bis grau. Frisch abgepresster Most ist also auch weiß, wenn man rote Trauben verarbeitet. Einige wenige Ausnahmen bestätigen die Regel.

Die Kerne

Die Schale der Kerne enthält Tannine, die beim Rotwein während der Gärung zum Teil herausgelöst werden. Das Innere ist reich an Traubenkernöl und verschiedenen Bitterstoffen. Beide sind im Wein unerwünscht. Man versucht daher, die Kerne bei der Pressung möglichst nicht zu verletzen.

keltern und pressen

Unter »Keltern« versteht man das Aufbrechen der Beeren. Dadurch kann der Most austreten, und die Hefen können den Gärungsprozess beginnen. Dieser Vorgang muss genau überwacht werden, damit die Gärung nicht zu früh oder sogar unkontrolliert einsetzt. Eine der heikelsten Phasen in der Weinbereitung ist daher der Transport der Trauben nach der Lese in den Keller. Sie müssen diesen Weg möglichst unverletzt überstehen, da sonst schon draußen und womöglich an der Sonne Saft austritt, oxidiert und zu gären beginnt. Kleine Plastikkörbe, kühles Wetter und eine gute Organisation sind also gefragt. In warmen Ländern wird die Lese der besonders empfindlichen weißen Trauben deshalb oft sogar während der kühlen Nachtstunden durchgeführt. Damit die Wege kurz sind, werden die Kelterstationen möglichst nahe bei den Weinbergen gebaut. Alte historische Keltern findet man oft sogar in den Rebbergen selbst.

Im Keller werden die Trauben entstielt und die Beeren möglichst sanft in einer mechanischen Mühle aufgebrochen, damit der Saft austreten kann, ohne dass die Kerne verletzt werden.

Pressen von Weißwein

Beim Weißwein wird der Most sofort nach dem Mahlen der Beeren und vor dem Einsetzen der Gärung von den Schalen getrennt, das heißt abgepresst. Aus 100 kg Trauben gewinnt der Kellermeister dabei etwa 65–75 l Most.

Jeder längere Kontakt mit den Häuten, den Kernen oder gar den Stielen wird sorgfältig vermieden, damit keine unerwünschten Geschmacksstoffe, vor allem Tannine, in den Most gelangen. Der Wein behält dadurch seinen frischen, reintönigen Duft.

Pressen von Rotwein

Im Gegensatz zum Weißwein werden beim Rotwein nach dem Keltern die Schalen, Kerne, das Fruchtfleisch und gegebenenfalls auch ein Teil der Stiele zusammen vergoren. Man nennt diesen Brei die Maische. Erst jetzt

Traubenpresse in der oberitalienischen Franciacorta

wird der Rotwein rot, denn erst während der Gärung lösen sich die Farbstoffe und vielfältige andere Duft- und Geschmacksstoffe aus den Beerenschalen und treten in den Most über. Der Kellermeister überwacht diesen Prozess Tag und Nacht und legt fest, wann der Most sich mit genügend Farbe, Geschmack und vor allem Tannin gesättigt hat, um dem Wein den gewünschten Charakter zu geben. Das ist die Maischestandzeit. Sie kann kürzer, gleich lang oder auch länger dauern als die Gärung. Die Entscheidung, wann der richtige Zeitpunkt für das Abpressen gekommen ist, ist eine der wichtigsten in der Bereitung von Rotwein überhaupt. Kurze Maischestandzeiten von nur vier bis sechs Tagen Dauer ergeben frische, helle fruchtbetonte Weine, die wenig Tannin und andere Extraktstoffe enthalten, längere dagegen von bis zu 20 bis 30 Tagen gehaltvolle Weine mit viel Farbe, Tannin und Extrakt.

Pressen von Rosé

Rosé gewinnt man in der Regel zu 100 % aus roten Trauben. Der Most wird dabei nur ganz kurze Zeit zusammen mit den Traubenschalen vergoren und schon nach wenigen Stunden abgepresst. So löst sich nur wenig Farbstoff und fast kein Tannin aus den Schalen. Eine Ausnahme macht der Rosé-Champagner, denn bei ihm werden weiße und rote Grundweine gemischt.

die vergärung

Der Most und die Hefen

Trauben haben die einzigartige Fähigkeit, Zucker bis zu einem Drittel ihres Volumens speichern zu können. Sie gehören damit zu den süßesten Früchten überhaupt. Dieser Zucker wird bei der Gärung in Alkohol (Ethanol), Kohlendioxid und Wärme umgewandelt. Verantwortlich für diese Meisterleistung sind mikroskopisch kleine einzellige Pilze, die Hefen. Wilde natürliche Hefen leben in jedem Weinberg auf dem Boden und auf den Trauben, aber auch im Keller jedes Winzers. Wie ihr Name erahnen lässt, sind diese wilden Hefen aber nie ganz berechenbar. Heute ist das vielen Winzern zu riskant. Mit Zuchthefen können sie die Gärung genauer steuern und unkontrollierbare Fehlentwicklungen ausschließen. Ein Stück

Individualität und Charakter bleibt dabei natürlich auf der Strecke.

Die Überwachung der Gärung

Die Temperatur

Bei der Gärung entsteht Wärme. Früher waren die Fässer noch klein, und die Wärme entwich ins Freie, ohne dem Wein zu schaden. In den heute üblichen großen Tanks staut sie sich jedoch im Behälter und verursacht verschiedene Probleme: Steigt die Wärme zu sehr an, sterben die Hefezellen ab und die Gärung kommt zum Erliegen. Noch schlimmer: Leicht flüchtige Aromastoffe entschwinden bei Temperaturen über 30 °C für immer. Weißweine verlieren dabei ihre Frische und viele ihrer feinsten Aromen, Rotweine schmecken grob und wie gekocht. Stahltanks mit eingebauten Kühlmöglichkeiten sind daher heute Standard in jedem qualitätsorientierten Weinkeller.

Der Hut

Da bei der Rotweinvergärung die Schalen noch in der Maische enthalten sind, treibt die aufsteigende Kohlensäure diese festen Bestandteile immer wieder nach oben. Sie bilden einen sogenannten Hut. Dieser Hut muss immer wieder untergetaucht und mit dem Most vermischt werden, damit sich die Farb- und Geschmacksstoffe aus den Schalen herauslösen können.

Die Gärzeit

Wenn aller Zucker im Most aufgebraucht ist, sterben die Hefen ab, der Wein ist ganz durchgegoren und knochentrocken. Will der Kellermeister noch einen kleinen Rest an Zucker im Wein belassen, so muss er die Gärung vorher durch Filtrierung stoppen. Die Hefen sterben, wenn die Alkoholkonzentration im Most etwa 15–16 % übersteigt. Ist dann noch Zucker vorhanden, bleibt der Wein süß. Viele Süßweine entstehen so. Aber auch anderen Weinen kann der Winzer mit dieser Methode etwas Restsüße geben.

Im offenen Gärbehälter sieht man den Hut

ausbau und reifung

Die Klärung des Weins

Die jungen Weine sind nach der Gärung und Pressung noch trüb und voll von im Wasser unlöslichen Schwebstoffen, toten Hefezellen, Rückständen von Fruchtfleisch und Traubenschalen. Man lässt sie daher in großen Behältern stehen, bis die gröberen Teilchen zu Boden sinken. Dann werden sie in ein anderes Gefäss umgezogen. Damit der Wein klar wird, muss dieser Vorgang, das »Abstechen«, mehrmals wiederholt werden. Das erfordert viel Zeit und Geduld. Deshalb werden vielerlei andere Mittel eingesetzt, um den Wein zu klären: Beim Weißwein sind das meist Filter oder Zentrifugen, beim Rotwein geschlagenes Eiweiß, das sich mit den Trubstoffen im Wein verbindet und sie zu Boden sinken lässt.

Die malolaktische Gärung

Diese »zweite Gärung« wird oft auch biologischer Säureabbau genannt. Dahinter stecken anders als bei der ersten Gärung nicht Hefen, sondern Bakterien. Diese verwandeln die frische, bei den Rotweinen oft auch unerwünscht aggressive Apfelsäure in die weit mildere Milchsäure. Der Gehalt an Säure verändert sich dabei streng genommen nicht, doch wir nehmen sie nicht mehr so deutlich wahr. Der Kellermeister kann diesen Vorgang sehr gut steuern und dem Wein auf diese Weise die gewünschten Eigenschaften mitgeben. Rotweine werden dadurch runder, voller und weicher. Weißweine werden ebenfalls sahniger und weicher, büßen aber gleichzeitig etwas von ihrer Frische und Fruchtigkeit ein. Bei den meisten Weißweinen wird die malolaktische Gärung daher vermieden.

Der Fassausbau

Nach der Klärung wird der Wein oft noch eine Weile in größeren Behältern gelagert, um ihm eine Ruhe- und Reifezeit zu gönnen. Dafür eigenen sich Gefäße aus Stahl, Beton, Kunstharz und Holz. Außer dem Holz verhalten sich alle diese Materialien dem Wein gegenüber weitgehend neutral. Holz allerdings beein-

Eichenfässer neben Stahltanks für den Ausbau des Weins

flusst seine Entwicklung und seinen Geschmack nachhaltig. Besonders die kleinen, aus dem Bordelais stammenden Barriques von 225 Litern Fassungsvermögen sind auf der ganzen Welt in Mode gekommen. Da die Poren ihrer Fassdauben nicht ganz luftdicht sind, lassen sie immer ein wenig Sauerstoff zum Wein hinein. Die Tannine werden dadurch milder, und der Wein reift schneller. Zudem gibt das Eichenholz auch würzige Geschmacksstoffe an den Wein ab. Man vergleicht sie oft mit Vanille, Toastbrot oder Kaffee. Viele gehaltvolle Rotweine und manche Weißweine, vor allem aus der Chardonnay-Traube, gewinnen damit deutlich an Komplexität.

Der richtige Einsatz von Eichenholz erfordert vom Kellermeister in jedem Fall sehr viel Fingerspitzengefühl.

Weißwein

1 Traubenmühle

Die Trauben werden gequetscht, damit der Saft austreten kann. Gleichzeitig werden die Stiele entfernt. Der so entstehende Traubenbrei heißt Maische und wird gekühlt, um einen Gärungsbeginn vor der Pressung zu verhindern.

2 Presse

Die Maische wird gepresst, der Saft (Most) läuft in eine Wanne und wird geklärt.

3 Gärtank

Der geklärte Most wird in gekühlten und geschlossenen Tanks vergoren. Im Gegensatz zur Rotweinherstellung erfolgt die Gärung also ohne Schalen nach der Pressung.

4 Filtern

Nach der Gärung macht eine abschließende Filtrierung den Wein glanzklar und entfernt eventuell schädliche Bakterien.

5 Abfüllen

Der Wein wird in Flaschen abgefüllt und ist sofort verkaufsbereit. Einige besonders hochwertige Weißweine werden wie die Rotweine vor dem Abfüllen in Barriques ausgebaut.

Rotwein

1 Traubenmühle

Die Trauben werden gequetscht und nach Anweisung des Kellermeisters ganz oder teilweise von den Stielen getrennt.

2 Gärbehälter

Die Maische wird mit den Schalen in offenen Gärbehältern (wie auf der Abbildung) oder in Stahltanks vergoren. Das Kohlendioxid treibt die Schalen nach oben, es bildet sich ein sogenannter Hut. Dieser muss immer wieder untergetaucht werden, damit die Inhaltsstoffe extrahiert werden können. Im Gegensatz zum Weißwein erfolgt die Gärung also mit den Schalen vor der Pressung.

3 Presse

Nach der Gärung kann der Wein aus dem Gärbehälter abgepumpt werden. Der Bodensatz wird noch ausgepresst, so gewinnt man den Presswein.

4 Reifung

Viele Rotweine werden für eine bestimmte Zeit in Fässern oder Tanks weiter gereift.

5 Schönung

Durch Schönung wird der Wein von noch verbliebenen Trubteilchen gereinigt. Als Klärungsmittel verwendet man bei hochwertigen Weinen oft aufgeschlagenes Eiweiß.

6 Abfüllen

Nach dem Abfüllen werden die Rotweine meist noch weiter in den Flaschen gelagert, bevor sie in den Verkauf gelangen.

Weißwein

1

2

3

4

5

Rotwein

1

2

3

4

5

6

die herstellung von
schaumwein

Die Definition des Endprodukts ist eigentlich ganz einfach: Schaumweine enthalten Kohlendioxid, das im Wein in der Flasche unter Druck gebunden ist und das bei Qualitätsschaumweinen nach EU-Recht aus einer zweiten Gärung stammen muss. Beim Einschenken löst sich der Druck, und das vorher gebundene Gas entweicht nun in Form von Schaum und Perlen. Der Druck in der Flasche muss bei 20 °C 3 bar betragen. Nur: Wie kommen die Perlen in den Wein? Dafür gibt es verschiedene Methoden.

Die traditionelle Flaschengärung

Ausgangspunkt ist ein »normaler« stiller und fertiger Grundwein, dem man eine Mischung aus Zucker und Hefen zusetzt und dann in dickwandige Flaschen abfüllt, in deren geschlossenem Innenraum die Mischung nun wieder zu gären beginnt. Dabei entsteht neben Alkohol erneut auch Kohlensäure, die aber nicht entweichen kann und sich deshalb im Wein löst. Der Druck steigt. Bei dieser zweiten Gärung setzt sich in der Flasche ein Bodensatz von abgestorbenen Hefen ab, die dem Wein wichtige Aromen schenken, später aber entfernt werden müssen. Dazu stellt man die Flasche in einem Rüttelpult auf den Kopf, bringt diesen Hefetrub durch Rütteln in den Hals, vereist ihn dort zu einem Pfropfen und lässt ihn durch kurzes Öffnen der Flasche »herausknallen«. Der Mengenverlust wird ersetzt und die Flasche endgültig verkorkt. Leicht verständlich, dass so produzierte Weine ihren Preis haben müssen. Deshalb werden nur hochwertige und prestigeträchtige Weine auf diese Weise hergestellt: Die klassischen Champagner natürlich, französische Crémants, der spanische Cava, die deutschen Winzersekte, die italienischen DOCG-Spumante aus der Franciacorta und von vielen anderen Stellen der ganzen Welt. Meist steht bei diesen Weinen »méthode classique«, »méthode traditionelle«; »metodo classico«, »metodo tradizionale«; »método tradicional« auf dem Etikett.

Tankgärverfahren oder Charmatmethode

Das Prinzip ist eigentlich das gleiche, allerdings erfolgt die zweite Gärung beim Tankgärverfahren nicht in der Flasche, sondern in einem großen Drucktank. Der Wein wird anschließend unter Druck gefiltert und in Flaschen abgefüllt. Der Kontakt mit der Hefe ist bei diesem Verfahren natürlich weit weniger innig als bei der Flaschengärung. Die bei der traditionellen Methode entstehenden delikaten Aromen sucht man in diesen Weinen deshalb vergeblich. Günstige Schaumweine wie der Prosecco, einfacher Spumante und viele deutsche Sekte werden nach diesem Verfahren hergestellt.

Transvasierverfahren

Diese Methode stellt eigentlich einen Kompromiss zwischen der Flaschengärung und dem Tankgärverfahren dar. Die zweite Gärung erfolgt wie bei der Flaschengärung in der Flasche, man verzichtet aber auf das Rütteln und einzelne Öffnen und Wiederverschließen jeder Flasche, sondern gießt den Inhalt der Flaschen unter Druck in einen Tank, wo die Hefe durch Filtrieren entfernt wird. Dann wird der Wein wieder abgefüllt und ist fertig. Dieses Vorgehen darf in der EU ebenfalls als Flaschengärverfahren bezeichnet werden.

Karbonisierung

Bei der einfachsten und preiswertesten Methode wird wie bei den alkoholfreien Sprudelgetränken gasförmiges Kohlendioxid in den Wein geleitet, wo es sich unter Druck löst. Beim Öffnen der Flasche entstehen viele große und grobe Blasen, die sich jedoch rasch verflüchtigen und keinen nachhaltigen Strom von Perlen hinterlassen. Diese Methode wird auch Imprägnierverfahren genannt.

mit alkohol verstärkte weine:
sherry, port & co.

Man nennt sie auch aufgespritete Weine, weil ihnen während der Produktion Alkohol beigefügt wird. Wann und wie das geschieht, ist jedoch sehr unterschiedlich: Der Alkohol kann schon zum Most gegeben werden, wenn die Gärung kaum oder noch gar nicht angefangen hat. Der Wein ist dann richtig süß, weil wir es eher mit einem durch Alkohol stabilisierten Traubensaft als mit einem wirklichen Wein zu tun haben. Aber immerhin gehört ein so bekannter Vertreter wie der Pineau des Charentes aus der Cognac-Region zu dieser Gruppe. Wenn der Alkohol während der Gärung zugefügt wird, ist der Wein je nach Zeitpunkt immer noch mehr oder weniger süß, wie zum Beispiel beim Portwein, beim Madeira oder Malaga – das kann je nach Typus, Stil und Produzent stark variieren Schließlich kann die Zugabe auch erst nach dem Ende der Gärung erfolgen, die Weine sind dann trocken wie beispielsweise der Sherry Fino.

Vin Doux Naturel

Der Alchemist Arnaldus de Villanova entdeckte an der Universität von Montpellier im späten 13. Jahrhundert, dass eine Gärung abgestoppt werden kann, wenn man dem Most Alkohol zugibt. Der süße und mit Alkohol verstärkte Wein war geboren. Seither gibt es im Süden Frankreichs eine reiche Tradition von Vins Doux Naturels, die auch heute noch blüht und wunderbare Weine hervorbringt wie den Muscat de Rivesaltes. Er ist ein weißer, aus der Muscat-Traube gekelterter Wein, in dem sich die ganze überwältigende Aromatik des Muscat erst richtig entfalten kann. Diese Weine müssen deshalb ganz jung getrunken werden, ihr Alkoholgehalt liegt meist nur wenig über 15 Vol.-%. In Banyuls nahe der Grenze zu Spanien werden auf gleiche Weise Weine aus roten Trauben, besonders aus Grenache, gekeltert, die man länger lagern kann und die zu großer Qualität heranreifen können.

Portwein

Die Trauben für den Portwein werden im portugiesischen Douro-Tal gelesen. Niemand kennt die genaue Zahl der daran beteiligten Rebsorten, es sollen über 80 sein. Schon nach zwei bis drei Tagen wird die Gärung des Mosts durch die Zugabe von Branntwein mit 77 Vol.-% abgebrochen, im Wein bleibt daher ein hoher Anteil an unvergorenem Zucker zurück. Da der Branntwein etwa ein Fünftel des Gesamtvolumens ausmacht, erreicht der fertige Portwein einen Alkoholgehalt von 19–20 Vol.-%

Die sonnenverbrannten Terrassen des oberen Douro-Tals

Die Portweinstile:

Ruby ist der einfachste Port. Er wird schon nach zwei bis drei Jahren abgefüllt. Seine Farbe ist »ruby«, also von tiefem Rubinrot.

Tawny lagert länger im Fass und wird dadurch heller, eben »tawny« – rotgolden.

Ruby und Tawny werden aus verschiedenen Jahrgängen verschnitten und tragen daher keine Jahrgangsangabe auf dem Etikett.

Late Bottled Vintage Port (LBV) stammt aus einem einzigen Jahrgang und wird nach vier bis sechs Jahren Fassreife trinkfertig abgefüllt.

Vintage Port wird nur in den besten Jahrgängen und aus den besten Trauben hergestellt. Er ist teuer und sagenhaft gut. Nach zwei bis drei Jahren Fassreife kommt er in die Flasche und sollte dort noch mindestens (!) 20 Jahre bleiben.

Im nicht ganz gefüllten Sherry-Fass bildet sich der Flor

Madeira

Weit weg vom portugiesischen Mutterland und schon auf der Höhe Nordafrikas haben früher die Seefahrer ihre Weinvorräte eingekauft, mit Zuckerrohrschnaps haltbar gemacht und über den Äquator mit nach Indien transportiert. Auf dieser Reise hat sich der Wein erhitzt und wurde immer besser. Daraus entwickelten die Winzer von Madeira ihren eigenen Weinstil: Die Gärung wird ähnlich wie beim Portwein durch Zugabe von Branntwein gestoppt, dann aber wird der Wein »gekocht«, das heißt mindestens 90 Tage lang auf eine Maximaltemperatur von 50 °C erhitzt. In dieser Zeit entwickelt er sein unvergleichliches Aroma, das an Karamell, Malz, getrocknete Feigen und viele Gewürze erinnert. Wenn Sie einen Madeira kaufen, sollte es ein Special Reserve (10-Year-old-Madeira) sein oder noch besser ein Vintage Madeira, der mindestens 20 Jahre im Fass gelagert sein muss. Diese Weine sind unsterblich. Ich hatte das Glück, einmal einen Wein aus dem Jahr 1830 zu verkosten. Er war noch quicklebendig.

Sherry

Grundlage für die Sherry-Produktion ist ein ganz normaler trockener Weißwein, der zu 90 % aus der einheimischen Rebsorte Palomino gewonnen wird. Für den Fino verstärkt man ihn mit Branntwein leicht auf etwa 15,5 Vol.-%. Nun geschieht das Mysterium des Sherry: Eine nur hier vorkommende Hefe breitet sich auf dem Wein aus und bildet in den nächsten Monaten auf seiner Oberfläche eine dichte weiße Schicht, den Flor. Sie schützt den Wein vor Oxidation und gibt ihm sein unvergleichliches Nussaroma.

Fino ist hell, frisch und leicht. Stirbt der Flor ab und der Sherry bleibt weiterhin im Fass, dunkelt er nach, wird weicher und heißt dann Amontillado. Der dritte Sherry-Typ, Oloroso, wird bis auf etwa 18 Vol.-% verstärkt, was die Bildung eines Flors verhindert. Er reift oft über Jahrzehnte im Fass, wird dabei dunkel und in der Regel nachträglich gesüßt.

Jede dieser Spielarten hat zahlreiche Unterspielarten in allen Qualitätsstufen.

klassische rote rebsorten

Die Beeren des Cabernet Sauvignon sind
klein, dickschalig und farbintensiv

Cabernet Sauvignon

Zum wirklich königlichen Adel gehören bei den Rotweinreben eigentlich nur zwei Sorten: Cabernet Sauvignon und Pinot noir. Schon die ebenfalls berühmten Merlot und Syrah rangieren eine kleine, aber entscheidende Stufe tiefer. Pinot noir steht für Sinnlichkeit, Charme und Verführung, Cabernet Sauvignon dagegen für Majestät, Größe, vielleicht sogar Unnahbarkeit. Der Thron des Pinot noir steht in Burgund, der des Cabernet Sauvignon im Bordelais.

Cabernet Sauvignon ist auf der ganzen Welt verbreitet, berühmt und hoch geachtet. Seine Beeren sind klein, dickschalig und reifen spät. Er liebt daher warmes Klima und ergibt dort farbintensive, tanninreiche Weine, die in der Jugend oft streng und unzugänglich sind, aber zu prachtvoller Majestät heranreifen können. Wie keine andere Traube vermählt der Cabernet Sauvignon sich wunderbar mit der Eichenholzwürze der Barriques.

Meist wird Cabernet Sauvignon mit anderen Traubensorten verschnitten und bereichert als Vorreiter oder Mitspieler fast jede Assemblage mit seiner Struktur und Aromatik. In der Neuen Welt wird er vermehrt auch reinsortig angebaut.

Daran erkennt man Cabernet Sauvignon

Die kleinen dickschaligen Beeren schenken dem Wein eine tiefdunkle Farbe, sein Aroma erinnert an schwarze Johannisbeeren, grüne Paprika, Minze und Zedernholz. Seine besondere Qualität liegt aber in der einmaligen Dichte, zu der er Farbe, Aroma und vor allem auch sein feines Tannin konzentrieren kann. Die schönste Ausprägung seiner Vorzüge entfaltet er nicht mit seinen primären Fruchtaromen, sondern in der Pracht, die er mit der Reife entwickelt.

Hauptanbaugebiete

Bordeaux: Cabernet Sauvignon ist die berühmteste Rebsorte im Bordelais, kommt dort aber praktisch nur in Verschnitten mit Merlot, Cabernet franc und anderen Rebsorten vor.
Italien: Hier hat Cabernet Sauvignon eine höchst erfolgreiche Karriere als Partner in den »Supertoskanern« eingeschlagen.
Neue Welt: In Kalifornien und Chile wird Cabernet Sauvignon meist reinsortig verarbeitet, in Australien oft mit Shiraz zu pflaumenfruchtigen und vollmundigen Weinen verschnitten.

Merlot

Er ist der neue Liebling der Weinfreunde und liefert sich auf den Anbauflächen überall auf der Welt mit dem Cabernet Sauvignon ein Kopf-an-Kopf-Rennen. Wie der Cabernet stammt er aus dem Bordelais, hier ist er die Rebsorte Nummer eins. Neue DNA-Untersuchungen haben ergeben, dass die beiden Rebsorten sogar miteinander verwandt sind. Vielleicht ist das die Erklärung dafür, dass sie derart gut zusammenpassen und sich wie ein perfektes Paar ergänzen. Dem eher strengen, tanninbetonten Cabernet schenkt der Merlot weiblichen Charme, samtene Weichheit und saftige Fülle. Ein Traumpaar, das weltweit in unendlich vielen Variationen immer wieder zusammengefunden und zu Spitzenweinen geführt hat. Merlot reift zudem etwa zwei Wochen früher als sein berühmter Vetter. Das ist der Grund, weshalb er im Bordelais seinen eigentlichen Schwerpunkt auf dem nördlichen Ufer der Dordogne hat, in St-Emilion und Pomerol. Hier sind die Böden und das Klima kühler als im Médoc, weshalb man sich auf ein Ausreifen des Cabernet Sauvignon nicht verlassen kann. Merlot muss mit Sorgfalt behandelt werden. Bei Überertrag bringt er nur nichtssagende, dünne Weine hervor. Bei zu großer Wärme oder Überreife hingegen verliert er schnell seine Säure und wird flach und marmeladig. Nur in wirklich guten Lagen und bei rigoroser Ertragsbeschränkung erreicht er die unnachahmliche Eleganz und Finesse eines wirklich großen Weins.

Daran erkennt man Merlot

Merlot ist immer weich, üppig, voller Fruchtsüße und alkoholstark, und dabei eher tanninarm. Seine typischen Aromen erinnern an dunkle Kirschen, Pflaumen und schwarze Johannisbeeren. Hinzu treten vielerlei Gewürze wie Zimt und Nelken. Seine Tannine sind weich und seidig und treten niemals zu sehr in den Vordergrund. Seine Beeren sind süß und werden deshalb auch von den Amseln so sehr geliebt, dass

Merlot-Trauben kurz vor der Reife

sich sogar sein Name von französisch merle, Amsel, herleitet.

Hauptanbaugebiete

Frankreich: Merlot ist wichtiger Bestandteil der klassischen Bordeaux-Verschnitts, neben Cabernet Sauvignon und Cabernet franc. Zunehmend wird Merlot auch im Languedoc-Roussillon und in der Provence angepflanzt.

Italien: Im Norden Italiens ist Merlot sehr beliebt, auch in der Toskana und in Umbrien wird er verbreitet angebaut. Die Qualitäten sind aber sehr unterschiedlich. Aus dem Friaul stammen zum Teil hervorragende Weine. Von Norditalien aus ist der Merlot bis ins schweizerische Tessin vorgedrungen, wo er die Weinberge souverän beherrscht.

Neue Welt: Überall in der Neuen Welt liebt man ihn und baut ihn zunehmend an. Aus Kalifornien (Sonoma Valley und Carneros), aus Australien und Chile stammen zum Teil wunderbare Merlots. In Chile hat sich allerdings herausgestellt, dass ein großer Teil der vermeintlichen Merlot-Weinberge gar nicht mit ihm, sondern mit der eigentlich gar nicht so ähnlichen Carmenère-Rebe bepflanzt sind.

Pinot noir

Die Pinot-Familie gehört zum alten Adel der Rebsorten, denn wahrscheinlich wurde schon ihr Stammvater von den Römern aus einer Wildrebe gezüchtet. Wie alle alten Rebsorten neigen auch die Mitglieder dieser Familie dazu, sich immer weiter genetisch zu verzweigen. So entstanden aus dem Pinot noir der Pinot gris oder Grauburgunder und aus diesem wieder der Pinot blanc oder Weißburgunder.

Sein Stammland liegt aber zweifellos im Burgund, genauer in der Côte d'Or. Hier standen wohl schon im 4. Jahrhundert die ersten Stöcke, und spätestens seit dem Mittelalter haben die Mönche ihn hier zu dem Adel verfeinert, den wir heute an ihm bewundern. Pinot noir ist ein sensibles Gewächs. Nur in relativ kühlen Gegenden entfaltet er seine vollen Talente. Sobald es ihm zu warm wird, verliert er seine Eleganz, die Weine werden dick, plump und marmeladig. Trotzdem ist er frostempfindlich und auch fäulnisanfällig, weil seine Trauben sehr dicht und kompakt sind. Er liebt kalkhaltigen Boden mit gutem Wasserabzug. Am besten gedeiht er deshalb an gut belüfteten Hanglagen. Wegen all dieser Eigenheiten bringt er je nach Standort völlig verschiedenartige Weine hervor, in seiner burgundischen Heimat entstehen aber Köstlichkeiten von solcher Magie, dass die Winzer auf der ganzen Welt immer wieder versucht sind, sie zu imitieren. Pinot noir wird fast immer reinsortig gekeltert. Einzige Ausnahme ist der Champagner, in dem er mit Chardonnay und Pinot Meunier verschnitten wird.

Daran erkennt man Pinot noir

Die Farbe des Pinot noir ist helles Rubin, sein Bukett hat eine betörende Intensität. In der Jugend duftet er nach Himbeeren, Kirschen und Erdbeeren, mit der Reife kommen herbstliche Noten von Unterholz, Pilzen und Wild dazu. Im Vergleich zu seinen beiden französischen Konkurrenten – Cabernet und Syrah – ist er eher tanninarm und bietet oft schon in der Jugend ein großes Trinkvergnügen. Er kann aber sehr gut altern, große Pinot noirs bis zu 20 oder sogar 30 Jahre.

Hauptanbaugebiete

Frankreich: Im Burgund ist der goldene Hang, die Côte d'Or, sein eigentliches Stammland. Nirgendwo auf der Welt erbringt er Weine von solcher Eleganz.

Champagne: In vielen Champagnern ist Pinot noir der Hauptbestandteil.

Deutschland: Das neu erwachte Interesse für eigene Rotweine hat dem Spätburgunder, wie der Pinot noir hierzulande heißt, eine neue Karriere eröffnet. Die Anbauflächen in Baden und in der Pfalz sind massiv gewachsen. Neben den traditionellen, eher leichten Spätburgundern entstehen immer mehr körperreiche Weine nach burgundischem Vorbild.

Österreich: Blauburgunder gewinnen in Österreich wachsende Bedeutung. Die besten stammen aus dem Burgenland und aus Niederösterreich.

Schweiz: In der Schweiz ist der Pinot noir weit verbreitet. Besonders interessante Weine kommen aus dem Wallis und aus der Bündner Herrschaft.

Neue Welt: In den kühlen Gegenden Kaliforniens, Oregons und Neuseelands könnte der Pinot noir eine neue Heimat finden.

Pinot-noir-Lese mit den typischen Weidenkörben im Burgund

Syrah, Shiraz

Viel wurde über die Herkunft dieser Rebsorte gerätselt. Ihr Name hat immer mal wieder jemanden dazu verleitet, sie mit der Stadt Syra in Persien in Verbindung zu bringen. Heute wissen wir aus DNA-Untersuchungen, dass sie höchstwahrscheinlich aus Frankreich stammt und ihre Heimat möglicherweise genau dort im oberen Rhône-Tal liegt, wo sie bis heute die Weine hervorbringt, die sie weltberühmt gemacht haben. Sie gehört zu den ganz großen Rotweintrauben der Welt, kann aber nur in einem relativ schmalen Klimaband Höchstleistungen erbringen: Sie braucht Wärme, um voll ausreifen zu können, das darf aber nicht zu schnell gehen, sonst verliert sie die Säure, bevor sie ihr unvergleichliches Aroma ausbilden kann.

Der Sprung in die Neue Welt, vor allem nach Australien, wo sie Shiraz heißt, hat ihr ganz neue Dimensionen eröffnet, sie aber auch ein bisschen zu einer Modesorte werden lassen.

Die blauschwarzen Beeren des Syrah sind stark bereift

Daran erkennt man Syrah

In allen Syrah-Weinen spürt man etwas von der Glut des Rhône-Tals. Sie sind warm, dicht und voll. Ihre Farbe ist tief, oft fast schwarz. Ihre fast ölige Konsistenz zeigt, wie viel »Stoff« in ihnen steckt. Ihr Duft ist charakteristisch: Einerseits verströmt der Wein die reichen schweren Aromen dunkler Früchte (Kirschen und Backpflaumen), andererseits aber auch erstaunliche Blütendüfte wie Veilchen. Hinzu kommen schwarzer Pfeffer, Rauch und Gummi. Mit der Reife werden die würzig-süßen Noten stärker: Lakritze und dunkle Schokolade. Immer besitzen Syrah-Weine ein kräftiges Tanninfundament, das es ihnen erlaubt, lange und mit Gewinn zu altern und zu reifen.

Hauptanbaugebiete

Frankreich: Von den steilen Hängen der nördlichen Rhône stammen die berühmtesten Syrah-Weine überhaupt: Hermitage, Côte Rôtie, Cornas usw. Sie sind stilbildend für diese Rebsorte. An der südlichen Rhône herrscht zwar Grenache vor, in den meisten Weinen ist Syrah aber mit enthalten. Er schenkt ihnen seine eigene pfeffrige Würze. Die mit Syrah bestockte Fläche in Südfrankreich hat sich in den letzten drei Jahrzehnten mehr als verzehnfacht und weit über das Rhône-Tal hinaus ausgeweitet. Insbesondere im Languedoc hat sie einen regelrechten Siegeszug erlebt. Hier bereichert sie als »Verbesserungssorte« die Weine aus den traditionellen Rebsorten, wird aber immer mehr auch reinsortig ausgebaut.

Schweiz: Die Rhône aufwärts hat Syrah das Wallis erreicht, wo er auf den sonnendurchglühten Hängen konzentrierte Weine erbringt.

Australien: Unter dem Namen Shiraz hat sie hier schon im 19. Jahrhundert eine neue Heimat gefunden, aber erst seit etwa drei Jahrzehnten haben die Australier selbst entdeckt, welch großartigen Schatz sie in ihr besitzen. Heute ist sie die meistangebaute Rebsorte des Kontinents. Oft wird sie mit Cabernet Sauvignon verschnitten.

Übrige Neue Welt: Neben Australien hat Syrah auch in Südafrika, Kalifornien, Mexiko und Argentinien Fuss fassen können.

andere rote rebsorten

Barbera

Fast überall in Italien wird Barbera angepflanzt, ihr Schwerpunkt liegt aber im Piemont, wo sie zusammen mit dem Dolcetto ein Gegengewicht zu den berühmten Nebbiolo-Weinen bildet. Die besten stammen aus den beiden DOC Barbera d'Asti und Barbera d'Alba. Charakteristisch ist, dass sie ihre Säure bis zur vollen Reife behalten kann, so bleiben ihre Weine fruchtig, frisch und saftig zugleich. Jung sind sie am besten und verströmen dann einen intensiven Duft nach Pflaumen und Kirschen. Einige Produzenten bauen Barbera im Barrique aus, um ihnen mehr Struktur zu verleihen.

Cabernet franc

Cabernet franc reagiert weniger empfindlich auf kühlere Klimaverhältnisse und Böden als sein berühmter Verwandter, der Cabernet Sauvignon. Er ersetzt diesen deshalb am nördlichen rechten Ufer im Bordelais (Pomerol, St-Emilion). Reinsortig wird er an der mittleren Loire gekeltert (Bourgueil, Chinon, Tourraine) und im Friaul. Cabernet franc ist insgesamt nicht so tief in der Farbe und tanninreich wie der Cabernet Sauvignon, dafür aber weicher und sanfter. Er duftet verlockend und köstlich nach Himbeeren, Kräutern und Grafit und verbreitet eine würzige Frische.

Gamay

In seinem Kernland, dem Beaujolais, zeigt diese Rebsorte die ganze Bandbreite ihrer Ausdrucksmöglichkeiten: Der Beaujolais-Villages, aus insgesamt 39 Gemeinden, ist einfach und attraktiv, erfrischend, säurereich, süffig und von jugendlicher Fruchtigkeit. Die Weine der zehn Beaujolais-Crus, die nur den Ortsnamen auf das Etikett schreiben, besitzen echte Persönlichkeit mit Körper und individuellem Ausdruck. Die einfachen Beaujolais aus dem flacheren Süden erheben sich selten über das Niveau schlichter Trinkweine. Außer an der Loire gibt es vor allem auch in der Westschweiz namhafte Bestände, die entweder zu reinsorti-

gen Weinen verarbeitet oder mit Pinot noir zu Dôle (Wallis) oder Salvagnin (Waadt) verschnitten werden.

Grenache (Garnacha)

Nach Cabernet Sauvignon und Merlot liegt Grenache bei den roten Rebsorten flächenmäßig auf Platz drei. In ganz Nordspanien ist er weit verbreitet, die besten Weine stammen aus dem Priorat. In Südfrankreich wird sie im Languedoc-Roussillon hauptsächlich als Verschnittpartner mit Mourvèdre und Syrah verwendet. Die südliche Rhône ist eigentliches Grenache-Land, aber auch hier trifft man ihn nur selten reinsortig an. Die Weine sind hell, nicht besonders tanninreich, fruchtig-süß und von einer mediterranen Würzigkeit (Lorbeer, Pfeffer). Sie eignet sich deshalb auch besonders gut für die Herstellung von Rosé (Tavel).

Malbec

Früher spielte diese Rebsorte im Bordelais die Rolle, die heute der Merlot übernommen hat. Ihre weiche fleischige Art sollte die Strenge des Cabernet Sauvignon mildern. Das Klima war ihr aber zu feucht und kühl, und so zog sie sich weiter in den Süden zurück und erbringt heute im südwestfranzösischen Cahors

Cabernet-franc-Trauben in der Traubenmühle

Tempranillo-Traube mit deutlicher Schultertraube

den berühmten »schwarzen Wein«. Erst in den letzten Jahren haben die Weinfreunde entdeckt, dass im fernen Argentinien Weine aus ihr gekeltert werden, die internationales Format besitzen. Sie sind dunkelkonzentriert, samtig weich, alkoholstark, aber auch mundfüllend, pflaumenduftig und voller Würze.

Nebbiolo

Der Nebbiolo stellt höchste Ansprüche an Klima, Lage und Boden und erbringt deshalb nur in einem eng begrenzten Anbaugebiet um die beiden Ortschaften Barolo und Barbaresco im Piemont wirklich Weine von Weltformat. Er reift spät, meist erst wenn schon die Herbstnebel um die Hügel der Langhe ziehen, die Winzer nennen ihn deshalb den Nebelwein (Nebbiolo). In den dann schon kühlen Kellern dehnt sich die Gärung bis in den späten Herbst aus, die Weine ziehen sich dabei mit Gerbstoffen und Extrakt voll und sind so für eine lange Reifung bereit. Barolo und Barbaresco bieten daher in der Jugend noch kein ungetrübtes Vergnügen, mit den Jahren entwickeln sie aber eine unvergleichliche Komplexität an Aromen, die von verblühten Rosen über Kirschen und Pflaumen bis zu Teer und Trüffeln reichen. In anderen Regionen Piemonts (Roero, Carema, Vercelli) sind die Weine in der Regel leichter, weniger tanninbetont und weicher. Im Veltlin (Valtellina) im Norden der Lombardei wird aus der Nebbiolo-Traube ein mittelschwerer, fruchtiger und in der Regel etwas robuster Rotwein gekeltert.

Tempranillo

Tempranillo ist so etwas wie die Nationaltraube Spaniens. Er reift zeitig – »temprano« – und kann deshalb auch im Norden Spaniens im hochgelegenen Rioja-Gebiet, wo schon der kühle Atlantikeinfluss spürbar ist, gut ausreifen. Hier liegt auch sein eigentlicher Schwerpunkt. Meist wird er mit anderen Rebsorten verschnitten, sein Anteil liegt im Durchschnitt aber bei mindestens 80 %. In vielen anderen Regionen Nord- und Zentralspaniens wird Tempranillo ebenfalls reinsortig oder im Verschnitt angepflanzt. Im katalonischen Penedès heißt er Ull de Llebre, in Valdepeñas Cencibel und Tinto fino in dem qualitativ hervorragenden Gebiet Ribera del Duero. Seine Weine besitzen eine tiefe Frucht, reiches, aber süßes Tannin, einen zurückhaltenden Alkoholgehalt und eine eher schwache Säure. Oft wird er zudem im Eichenfass ausgebaut, was ihm zusätzliche Vanille- und Karamellnoten schenkt.

Sangiovese

Der Name dieser Rebsorte, das »Blut Jupiters«, deutet auf einen vorchristlich-römischen Ursprung hin. Ihr Schwerpunkt liegt in der Toskana. Hier hat die Sangiovese eine ganze Reihe von Varietäten und Unterarten ausgebildet, aus denen wieder typische Regionalweine gekeltert werden: Chianti, Brunello di Montalcino, Vino Nobile di Montepulciano, Morellino di Scansano. Sie bildet auch die Grundlage für die meisten sogenannten Supertoskaner, in denen sie mit internationalen Rebsorten, besonders mit Cabernet Sauvignon, verschnitten wird. Außer in der Toskana wird sie verbreitet in ganz Mittelitalien und in der Romagna angebaut. Sangiovese liefert Weine mit reichem Tannin und einer ausgeprägten Säure. Ihre Farbe ist tief, ihr Aromenspektrum umfasst dunkle Früchte und Beeren, einen typischen an Veilchen erinnernden Duft und Noten von Erde und Stall.

klassische weiße rebsorten

Chardonnay

Chardonnay hat sich in den letzten Jahrzehnten nicht nur zur beliebtesten, sondern gleich nach der spanischen Massenrebe Airén zu der weißen Rebsorte entwickelt, die überall auf der Welt am häufigsten angebaut wird. Dabei ist es gar nicht leicht, ihren Charakter und ihre Persönlichkeit zu fassen. Sie ist eine Verwandlungskünstlerin, die sich an fast jedes Umfeld anpassen kann und von der gestalterischen Hand des Kellermeisters willig formen lässt. Bei aller Wandlungsfähigkeit bleibt der Chardonnay in seinem Kern aber immer ein edles Gewächs. Man spürt, dass seine Wiege im adeligen Burgund stand. Doch auch Adel schützt vor Torheit nicht, und die große Popularität, die der Chardonnay überall genießt, ist ihm nicht immer gut bekommen. Die Gunst des Publikums ist zudem launisch und die »Chardonnaymania« wieder etwas am Abklingen.

Chardonnay-Trauben werden vorsichtig transportiert

Daran erkennt man Chardonnay

Chardonnay ist, was man aus ihm macht. Im kühlen Klima bekommt er eine helle Farbe mit grünlichem Schimmer, sein Körper ist fest, aber schlank, seine Säure lebhaft und sein Duft apfelfrisch. Im heißen Klima der Neuen Welt kann er warm und golden leuchten und einen Duft von tropischen Früchten verströmen. Außer dem Klima ist es aber vor allem der Kellermeister, der den Wein gestaltet. Ihm stehen heute fast ungegrenzte technische Möglichkeiten zur Verfügung. Wahre Persönlichkeit und Charakter entstehen aber nach wie vor im Weinberg. Und so sollte der Kellermeister mit seinen technischen Möglichkeiten so sensibel und diskret umgehen, dass sich diese Qualitäten voll entfalten können. Nur dann wird aus dem Verwandlungsgenie Chardonnay ein großartiger Wein. Typische Chardonnay-Aromen sind Butter, Nüsse, Äpfel, Melonen und Ananas. In Barrique ausgebaut wird seine Farbe tiefer, er wird milder und bekommt Noten von Vanille, Toastbrot und Kokosnuss.

Hauptanbaugebiete

Chardonnay hat sich über den ganzen Erdball ausgebreitet. Die flächenmäßig größten Bestände wachsen heute in den USA. Frankreich folgt an zweiter, Australien an dritter und Italien an vierter Stelle.

Frankreich: Das eigentliche Kernland des Chardonnay liegt im Burgund an der Côte de Beaune, dem südlichen Teil der Côte d'Or. Aber auch weiter südlich an der Côte Chalonnaise und im Mâconnais bleibt sie die wichtigste Weißweinrebe. In der Champagne ist Chardonnay mit den roten Rebsorten Pinot noir und Pinot Meunier Hauptbestandteil des Champagners. In den »normalen« Cuvées beträgt sein Anteil meist zwischen 50 und 70 %, im Blanc de Blancs 100 %.

Neue Welt: 1980 waren in Kalifornien gerade mal 7200 ha mit Chardonnay bepflanzt, die bis 2005 auf unglaubliche 40 000 ha anstiegen. Australiens Bestände wuchsen auf heute 30 000 ha, und selbst in Chile sind es fast 8000 ha.

Riesling

Während Chardonnay bis vor Kurzem weltweit Erfolge feiern konnte, fristete der Riesling eher das Dasein eines Aschenputtels. Dabei sind sich viele Weinliebhaber einig: Gerade dieser Rebe gebührt der Titel Königin des Weißweins. Ihre Säure war jedoch für den modischen Geschmack zu präsent, ihr Körper zu schlank und ihr Alkoholgehalt zu niedrig. Doch das Blatt wendet sich, Weinliebhaber und immer mehr Erzeugerländer und Produzenten entdecken die große Eleganz und Kraft von Riesling-Weinen.

Riesling liebt das kühle Klima, das er von seiner Heimat an Rhein und Mosel gewöhnt ist. Seine südlichsten Anbaugebiete liegen bereits in Baden und im Elsass, weiter in die Wärme dringt er kaum vor. Aber trotz dieser Vorliebe für die Kühle des Nordens braucht er bis tief in den Herbst hinein viel Sonne und geschützte Lagen. Diese erlauben es ihm, in einer langen Vegetationsperiode zu reifen und seine Aromen auszubilden. In den Flusstälern Deutschlands und Österreichs, im kühlen Kanada, ja sogar im Süden Australiens und Neuseelands fühlt er sich daher besonders wohl. Wie wenige andere Rebsorten kann er die Eigenheiten seines Terroirs in feinen Nuancen zum Ausdruck bringen. So ist er an der Mosel rauchig-mineralisch und eher leicht, im Rheingau dagegen körperreich, gewichtig und rund.

Riesling gibt es in vielen Spielarten, von trocken über lieblich bis edelsüß, von einem Alkoholgrad weit unter 10 Vol.-% bis zu über 13 Vol.-%. Mit immer wieder anders akzentuierter Frucht und einer Säure, die von blitzend und stahlig bis weich und schmelzend spielt. Am Verständnis für die Balance zwischen Säure, Frucht, Körper und Süße erkennt man die Kunst eines Winzers. Es sind diese vier Bälle, mit denen er spielt und die an jedem Standort ganz neu ins Gleichgewicht gebracht werden müssen. Im Idealfall verbindet sich die Säure mit den süßen Komponenten und den intensiven Aromen zu einer einmaligen Harmonie.

Riesling im Sonnenlicht

Daran erkennt man Riesling

Riesling ist eine sehr aromatische Rebsorte, er duftet intensiv nach Äpfeln, Pfirsichen, Lindenblüten und Honig. Je nach Lage kommen mineralische Noten hinzu. Reifer Riesling kann sogar nach Petroleum »duften«, was von Kennern sehr geschätzt wird. Immer besitzt er eine klare, rassige Säure.

Hauptanbaugebiete

Deutschland: Riesling ist die Hauptrebsorte in Deutschland. An Rhein und Mosel findet sie ihren großartigsten Ausdruck. Aber auch in Baden, in der Pfalz und in Franken entstehen hervorragende Weine.

Elsass: Im Allgemeinen sind die Rieslinge hier alkoholstärker, weicher und irgendwie weiniger als in Deutschland.

Österreich: Besonders aus der Wachau, dem Kremstal und dem Kamptal stammen trockene reintönige Weine, die zur Spitzenklasse zählen.

Neue Welt: Australien steht mengenmäßig und qualitativ an der Spitze, aber auch in Neuseeland und in den kühlen Gegenden von Washington und Ontario in Nordamerika entstehen delikate Gewächse. Ganz unerwartet hat sich in Kanada eine neue Eisweinkultur entwickelt.

Sauvignon blanc

Sauvignon blanc

Die Sauvignon-blanc-Rebe ist wie geschaffen für Anbaugebiete in kühlen Zonen. Sie treibt spät aus und reift früh. In klarer, erfrischender Luft fühlt sie sich also besonders wohl, sei das nun in ihrer angestammten Heimat, dem oberen Tal der Loire, oder in ihrer neuen, der Südinsel Neuseelands. Kühl ist auch ihr Charakter: Ihre Weine überfallen uns zwar mit intensiven Aromen, diese sind aber nicht wie beim Chardonnay voll, warm und weich, sondern frisch, vegetabil, scharf und pikant. Wer ihnen zum ersten Mal begegnet, ist vielleicht schockiert von dieser direkten Attacke, die sogar bei etwas runderen und weicheren Versionen sein Markenzeichen bleibt. Viele Erzeuger versuchen ihn deshalb zu domestizieren und belassen ihm einen Hauch von Restsüße, die man zwar kaum wahrnimmt, die aber die aggressivste Schärfe mildert. Andere legen ihn für kurze Zeit in Barrique, was seine Kanten ebenfalls abschleift. Sauvignon blanc ist nicht leicht zu behandeln. Erntet man ihn zu früh, so überwiegen die unangenehmen grasigen Noten und die Säure wirkt unreif. Macht man das Gegenteil, so gewinnt er zwar an Aromenvielfalt, verliert aber seine unnachahmliche pikante Schärfe. Es gibt Winzer, die ihn daher in mehreren Durchgängen ernten, um die Vorzüge aller Reifestadien im Wein zu vereinen.

Daran erkennt man Sauvignon blanc

Es gibt wenige Rebsorten, die man so leicht erkennt wie den Sauvignon blanc. Typisch ist eine fast explosive Intensität von grünen, vegetabilen Aromen: Stachelbeeren, grüne Paprika, frisch gemähtes Gras, Brennnesselblätter. Selbst die eigentlichen Fruchtaromen bleiben »grün«: Kiwi, Litschi und Passionsfrucht. In wärmeren Anbaugebieten kommen die Düfte von Holunderblüten, weißen Pfirsichen, ja selbst von Melonen hinzu. Charakteristisch bleibt immer seine elektrisierende Schärfe. Es wundert deshalb nicht, dass sich an ihm die Geschmäcker scheiden. Man liebt ihn, oder man mag ihn überhaupt nicht. Großartig ist auch seine Fähigkeit, das Terroir zu spiegeln. Berühmtestes Beispiel sind die Weine von der Loire mit ihrer Feuersteinnote.

Hauptanbaugebiete

Frankreich: Die klassischen Weine von der Loire stammen aus den benachbarten Appellationen Sancerre und Pouilly-Fumé. Der Gehalt an Silex (Feuerstein) im Boden schenkt ihnen die typisch rauchigmineralische Note. Die Weißweine aus dem Bordelais sind meist nicht reinsortig aus Sauvignon blanc, sondern ein Verschnitt mit Sémillon, gelegentlich auch etwas Muscadelle. Diese Weine sind generell runder, weicher und nicht so pikant wie die von der Loire.

Italien: Besonders schöne typische Sauvignon-blanc-Weine stammen aus dem Friaul.

Neue Welt: Obwohl auf der Südinsel erst in den 70er Jahren die ersten Stöcke gepflanzt wurden, gehören Neuseelands Sauvignon-blanc-Weine bereits zu den großen Klassikern. Sie haben eine strahlende Fruchtigkeit und eine herrlich zitronige Säure. Chile ist auf dem Weg, sein großes Potenzial für diese Rebsorte zu entdecken und zu entwickeln. Die besten Weine stammen aus der kühlen Region Casablanca.

andere weiße rebsorten

Chasselas/Gutedel

Chasselas ist eine sehr alte Rebsorte und die wichtigste Weißweintraube der Westschweiz. Ihr eher neutrales Aroma kann das Terroir sehr schön spiegeln, ihre Weine reichen deshalb von leicht und blumig-fruchtig am Genfer und Neuenburger See bis zu körper- und alkoholreich im Wallis, wo sie Fendant genannt werden. Im kleinen badischen Markgräflerland heißt die Chasselas Gutedel. An verschiedenen Orten Frankreichs und Italiens wird sie als Tafeltraube angebaut.

Chenin blanc

Die Rebe wurde wahrscheinlich schon im 9. Jahrhundert an der unteren und mittleren Loire angebaut und ist dort immer noch die weiße Hauptsorte. Sie hat ein interessantes, an Honig und feuchtes Stroh erinnerndes Bukett und eine kräftige Säure. Aus ihr können einfache, leicht honigwürzige und erfrischende Weißweine gekeltert werden, aber auch große Weine von trocken bis edelsüß, die zu den langlebigsten Frankreichs gehören (Vouvray, Saumur). Durch ihre lebendige Säure ist sie auch für die Herstellung von Schaumwein geeignet. In Kalifornien und Südafrika erbringt sie bei hohen Erträgen nur einfachen Allerweltswein.

Gewürztraminer

Der Gewürztraminer stammt vom einfacheren Traminer ab, dessen Heimat wahrscheinlich in Südtirol (Tramin) liegt. Seine Beeren sind leicht kupferrot und schenken dem Wein deshalb eine tiefe goldene Farbe. Heute wird er an vielen Orten auf der ganzen Welt angebaut, wenn auch nirgendwo in größeren Mengen. Das Hauptanbaugebiet ist das Elsass. Wenige, aber sehr charaktervolle Weine kommen aber auch aus Deutschland, Österreich, Südtirol und Kalifornien. Die Weine sind alkoholstark und hocharomatisch. Sie verströmen einen unverwechselbaren Duft nach Litschi und Rosenwasser. Gewürztraminer wird trocken, lieblich und edelsüß ausgebaut.

Grüner Veltliner

Der Grüne Veltliner ist ein echter Österreicher. In seiner Heimat bedeckt er mehr als ein Drittel der Rebfläche, und von hier aus hat er sich auch in die benachbarten Länder Tschechien, Slowakei und Ungarn ausgebreitet. Er ist der typische Trink- und Schankwein, der als Heuriger leicht und problemlos durch die Kehle rinnt, kann aber bei Ertragsbeschränkung auch beeindruckende pfefferwürzige trockene Weine hervorbringen. Von den Steillagen in der Wachau und aus dem Krems- und Kamptal stammen langlebige, mineralisch geprägte Spitzengewächse, die zu den größten Weißweinen der Welt gehören. Grüner Veltliner hat ein breites Aromenspektrum: Dill, frisch geschnittenes Gras, Gurken, Zitrusfrüchte, Aprikosen und peffrige Würze, das berühmte »Pfefferl«.

Die Beeren des Gewürztraminers sind kupferrot

Müller-Thurgau (Riesling x Silvaner)

Der Züchter Dr. Hermann Müller aus dem schweizerischen Kanton Thurgau kreierte an der deutschen Forschungsanstalt Geisenheim 1882 diese Kreuzung. Sein Ziel: die Qualitäten des Rieslings (Rasse und edle Aromatik) mit denen des Silvaners (frühe Reife) zu verbinden. Dem Züchter ist dabei wohl ein kleines Missgeschick unterlaufen, denn neueste DNA-Analysen haben ergeben, dass der Vater dieser Kreuzung nicht Silvaner heißt, sondern auf den adeligen Namen Madelaine royale hört. Das Kind lässt diesen Adel allerdings etwas vermissen, denn trotz des gefälligen Muskataromas schmecken die Weine selten wirklich aufregend. Die Sorte ist jedoch überaus populär, da sie früh reift und einen zuverlässigen Ertrag erbringt. Außer in Deutschland (Baden und Franken) wird Müller-Thurgau in der Schweiz und in Südtirol angebaut.

Muskateller, Muskat, Muscat

Die Muskateller-Rebe ist die älteste bekannte Weinrebe überhaupt. Es gibt sie daher in vielen Varianten und Untervarianten. Alle ihre Weine sind aber an ihrem frischen, an Trauben erinnernden Aroma leicht zu erkennen. Die edelste und älteste Sorte ist der Muscat blanc à petits grains. Ihre Beeren sind klein und ergeben daher einen besonders konzentrierten Saft, der an Gewürze und Orangenblüten erinnert. Da die Beerenfarbe ins Rötliche spielen kann, geraten auch die Weine golden bis bernsteinfarben. Ihre Erträge sind zum Leidwesen der Winzer eher niedrig, weshalb sie oft durch die ertragreicheren Muscat Ottonel oder Muscat d'Alexandrie ersetzt oder ergänzt wird.

Pinot blanc/Weißburgunder

Pinot blanc ist ein Sprössling der edlen Burgunderfamilie. Sein Stammbaum führt über den Pinot gris auf den Pinot noir zurück. In Frankreich wird er vor allem im Elsass angebaut und ist dort die Allerweltsrebe für die einfachen Weine der Elsässer Winstub. Im benachbarten Baden und in der Pfalz genießt er als Weißburgunder ein weit höheres Ansehen und erbringt bei Ertragsbeschränkung und sorgfältiger Behandlung im Keller charaktervolle und körperreiche Weine. In Österreich erbringt er im Burgenland hervorragende edelsüße Weine.

Die Trauben des Pinot gris sind fast so dunkel wie die des Pinot noir

Pinot gris/Grauburgunder

Er kann es nicht verbergen, dass sein Stammbaum auf eine Rotweinrebe zurückgeht. Seine Beeren changieren von gelbgrün über alle Schattierungen der Kupferfarbe bis hin zu einem Dunkelblau, das von der Farbe des Pinot noir nicht mehr zu unterscheiden ist. Seine Weine sind deshalb auch ungewöhnlich gehaltvoll und körperreich und besitzen meist eine schöne tiefgoldene Farbe. In Deutschland heißt er Grauburgunder oder Ruländer, in Italien Pinot grigio und im Wallis Malvoisie. Im Elsass, in Baden und in der Pfalz entstehen aus ihm sanfte, duftige und vollmundige Weine, die an die Aromen von Birnen, Feigen und Nüssen erinnern. Aus Italien kommt der Pinot grigio, der wunderbar charaktervoll sein kann (Collio) aber auch für eine Flut von charakterlosen Massenweinen verantwortlich ist.

Sémillon

Er wird meist als Verschnittpartner mit anderen Rebsorten, vor allem Sauvignon blanc, angebaut. Großartig erfüllt er diese Rolle in den weltberühmten Süßweinen aus den Appellationen Sauternes und Barsac im Bordelais, denn seine dünne Beerenhaut macht ihn besonders anfällig für den Befall mit dem Pilz Botrytis cinerea. Im Bordelais werden aber auch trockene Weine aus ihm gekeltert: In Graves und Pessac-Léognan entstehen langlebige, reiche und vollmundige Weine, im Entre-Deux-Mers geht sein Anteil in den Verschnitten allerdings langsam zugunsten von Sauvignon blanc zurück. Seine Weine sind in der Jugend oft etwas zurückhaltend, reifen aber zu Üppigkeit und Fülle mit Aromen, die an Birnen, Feigen, Honig und Nüsse erinnern.

Silvaner/Sylvaner

Die Wiege des Silvaners stand wohl im Osten an der Donau, von wo er im 17. Jahrhundert über Österreich den Weg nach Franken fand. Hier im Tal des Mains nistete er sich ein und wurde dort so heimisch, als wäre er schon immer da gewesen. In Österreich selbst ist er dafür praktisch verschwunden. Die Frankenweine sind trocken und fein mit einem festen, konzentrierten Körper. Ihre Fähigkeit, die Mineralität des Terroirs zum Ausdruck zu bringen, verleiht ihnen eine interessante erdige Note. Im Wallis genießt er nach dem Fendant als zweitwichtigste weiße Rebsorte unter dem Namen Johannisberger großes Ansehen und erbringt goldene aromatische und mineralische Weine.

Trebbiano/Ugni blanc

In Italien wird Trebbiano praktisch im ganzen Land angebaut und hat im Lauf der Jahrhunderte eine Vielzahl von Varietäten ausgebildet, die sich stark voneinander unterscheiden können. Die Rebe ist sehr wuchskräftig, krankheitsresistent und ertragsstark. Viele einfache Weine Italiens entstehen deshalb ganz oder teilweise auf seiner Grundlage. Der Schwerpunkt seines Anbaugebiets liegt in Mittelitalien. Obwohl Trebbiano in Italien die am weitesten verbreitete weiße Rebsorte ist, bedeckt sie in Frankreich unter dem Namen Ugni blanc eine mehr als doppelt so große Fläche. Allerdings verschwindet sie fast vollständig in den Destillen von Cognac und Armagnac.

Viognier

Diese Rebsorte war Ende der 60er-Jahre schon fast ausgestorben. Gerade mal 14 ha überlebten in der Appellation Condrieu an der nördlichen Rhône. Früher war sie an der oberen Rhône weit verbreitet, wurde dann aber vernachlässigt. Die Winzer liebten sie nicht wirklich, sie war ertragsschwach und krankheitsanfällig. Die Renaissance kam in den 80er-Jahren. Man entdeckte ihren verführerischen Duft nach frischen reifen Aprikosen und Pfirsichen, nach Akazienblüten, Honig und Lebkuchengewürzen. Und so kam der Wein in den 90er-Jahren richtig in Mode und wurde in ganz Südfrankreich, besonders aber im Languedoc-Roussillon, wieder vermehrt angebaut. Selbst in Kalifornien und in Australien erfreut er sich großer Beliebtheit.

die wichtigsten
weinländer

Auf den nächsten Seiten werden wir den wichtigsten Weinländern einen kurzen Besuch abstatten. Es ist eine Reise, die uns rund um den Erdball führt, auf die Südhalbkugel ebenso wie ins gute alte Europa, in den Fernen Osten genauso wie nach Kanada. In einer beispiellosen Erfolgswelle hat sich die Rebe über alle fünf Kontinente hinweg ausgebreitet: Überall, wo sie für ihr Wachstum günstige Bedingungen vorfand, hat sie sich niedergelassen und Wurzeln geschlagen. Auf diesem Weg entwickelte sie eine verblüffende Wandlungs- und Anpassungsfähigkeit: Nicht weniger als 10 000 verschiedene Rebsorten sind uns heute bekannt, alle Unterarten derselben Gattung: Vitis vinifera. Mit dieser Sortenvielfalt eroberte sie die kühlsten wie die heißesten Ränder ihrer Vegetationszone und machte sie immer breiter.

Jede dieser Sorten besitzt einen eigenen Charakter, die wichtigsten haben wir im letzten Kapitel beschrieben. Aber auch jeder Ort, an dem sie Wurzeln schlägt, trägt zu diesem Charakter eine regionale Färbung bei. Dem wollen wir in diesem Kapitel nachgehen.

klima und weinbau

Der Vegetationsgürtel

Irgendwo im östlichen Mittelmeerbecken züchteten unsere Vorfahren aus einer Wildform die ersten Kulturformen der Rebe. Dieses mediterrane Erbe trägt sie auch heute noch in sich. Sie fühlt sich nur in gemäßigtem Klima wohl. Auf der Nordhalbkugel ist das die Zone zwischen dem 32. und 51. Breitengrad, auf der Südhalbkugel zwischen dem 28. und 42. Die Weinbauländer ziehen sich daher wie ein Gürtel um die beiden Hemisphären unseres Globus. Allerdings können Reben gegen den Äquator hin wie beispielsweise in Argentinien in die kühlen Höhen der Berge steigen oder wie in Chile den kalten Ozean nutzen, um bisherige Grenzen zu überschreiten.

Die umgekehrte Tendenz weitet die Weinbaugeografie den beiden Polen zu aus: Eine Rebsorte erbringt in der Regel dort die besten Weine, wo sie gerade noch zur Reife gelangt, also am nördlichen (bzw. südlichen) Rand ihrer individuellen Vegetationszone. Große Weine entstehen in den Gegenden, wo die Trauben lange, bis in den späten Herbst hinein reifen, ohne überreif zu werden, wie der Riesling in Deutschland, der Cabernet Sauvignon im Médoc oder der Pinot noir in Burgund. Man kann in den Weinbau treibenden Ländern daher einen internationalen Trend feststellen hin zu kühleren Regionen oder in warmen Gegenden hin zu höheren Lagen.

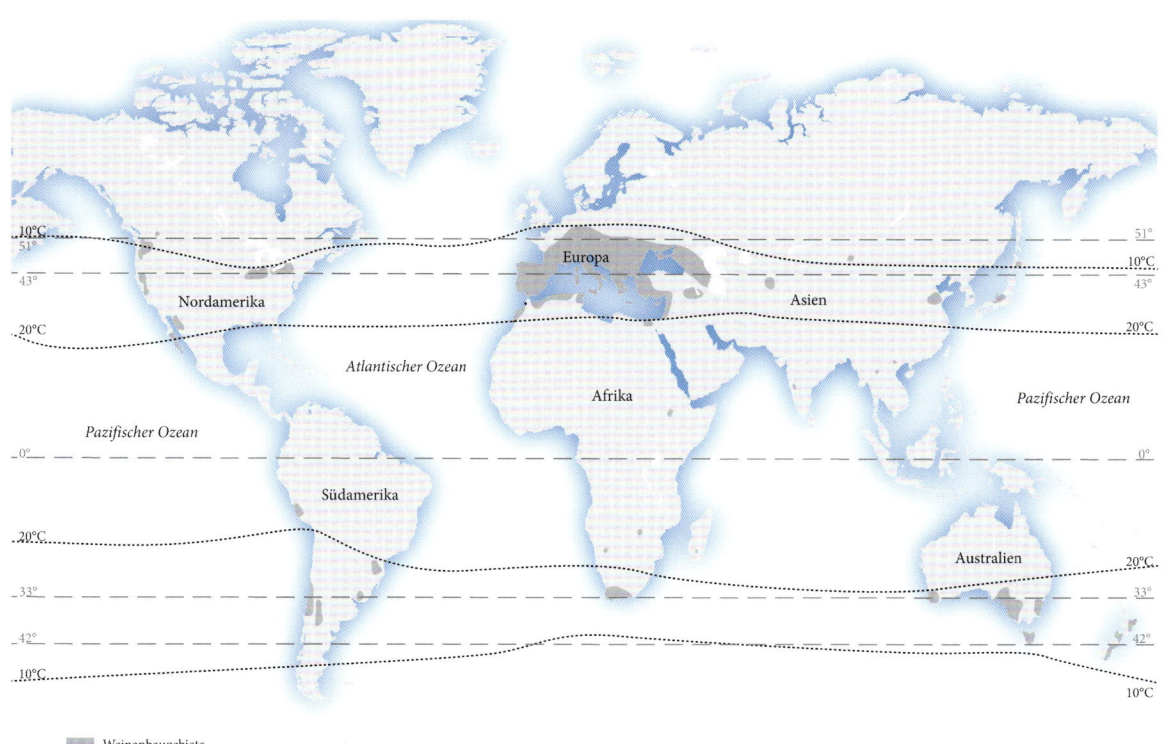

Weinanbaugebiete

frankreich

Denkt man an Frankreichs Weine, so steigen die Bilder magischer Landschaften mit klingenden Namen vor unserem geistigen Auge auf: die Kieshügel des Bordelais, die sanften Hänge der Côte d'Or, die langen Flusstäler der Rhône und der Loire oder die Kreideböden der Champagne. Eine unübersehbare Vielfalt an Rebsorten wurde in diesen Landschaften heimisch, aus denen eine über zwei Jahrtausende lange Geschichte in Verbindung mit dem Streben nach Qualität eine einmalige Fülle an unverwechselbaren Weinpersönlichkeiten formten.

Château Latour, eines der berühmtesten Weingüter des Bordelais

Bordeaux

Die berühmteste und größte Weinlandschaft Frankreichs folgt dem Mündungsgebiet der beiden Flüsse Garonne und Dordogne, die sich nördlich der Stadt Bordeaux im weiten und lang gestreckten Becken der Gironde treffen. Ihre breiten Wasserflächen sorgen zusammen mit dem milden Golfstrom des Atlantiks für ein maßvolles und stabiles Klima. Die Gletscher der Eiszeit und das Geschiebe der Flüsse haben die wasserdurchlässigen sanften Kieshügel aufgeschüttet, auf denen heute die berühmtesten Weine der Welt gedeihen. Am linken Ufer der Gironde liegt das Médoc. Hier überwiegt die Cabernet-Sauvignon-Traube, deren Strenge durch einen Zusatz von Merlot etwas gemildert wird. Die besten Weine sind oft unerschwinglich teuer, strahlen aber nach Jahren der Reife eine majestätische Größe aus. Auf der rechten Seite der Dordogne erstrecken sich die Appellationen St-Emilion und Pomerol. Hier dominiert der Merlot und verleiht den Weinen mehr Sinnlichkeit und Opulenz, trotzdem bleiben sie kraftvoll und elegant.

Ein spezielles Mikroklima im Gebiet von Sauternes und Barsac, südlich der Garonne, begünstigt im Herbst den Befall der reifen Trauben mit einem Schimmelpilz, der Edelfäule Botrytis cinerea. Die Beeren verlieren dadurch Wasser, ihr Zuckergehalt und alle Aromastoffe werden extrem konzentriert. Das Resultat sind praktisch unsterbliche Süßweine.

Burgund

Das Herz Burgunds ist die Côte d'Or, ein etwa 60 km langer, nach Osten offener Kalksteinabbruch, der die Rebberge gegen Westen schützt und der wärmenden Morgensonne öffnet. Schon im frühen Mittelalter bauten Mönche hier Wein an und lieferten ihn an die Reichen und Mächtigen der damaligen Welt. Im nördlichen Teil, der Côte de Nuits, erreicht die Pinot-noir-Rebe ihren vollendeten Ausdruck in Weinen von betörender Sinnlichkeit. Im südlicheren Teil, der Côte de Beaune, liegt die Heimat des Chardonnay, der uns hier, trotz seiner weltweiten Erfolgsstory, immer noch seine tiefgründigsten Weine schenkt. Im Süden schließt sich die Côte Chalonnaise an. Ihre in der Regel etwas leichteren Weine aus den gleichen Rebsorten bieten preislich eine sehr interessante Alternative zur oft unerschwinglichen Prominenz im Norden. Noch weiter im Süden folgt das Beaujolais. Die aus der Gamay-Traube gekelterten Weine bilden hier das leichtfüßige Gegenstück zum festlichen Glanz der Côte: Sie verströmen viel Charme und bieten jung genossen ein großes Trinkvergnügen.

Vom Rest Burgunds getrennt liegt ganz im Norden das Chablis, ein reines Weißweingebiet (Chardonnay). Das kühlere Klima und der Kalkboden aus fossilen Austernschalen begünstigen einen mineralischen Wein von feiner Frucht, der wunderbar zu Meeresfrüchten passt.

Champagne

Der wunderbare weiße Kreideboden, für den die Champagne so berühmt ist, hat eigentlich alles, was eine Rebe braucht: viele Nährstoffe und einen optimalen Wasserabzug, der den Boden trotzdem nicht austrocknen lässt. In seiner Tiefe haben die Champagnerhäuser ein riesiges Labyrinth von Kellern angelegt. Der Champagner ist ein Produkt aus zwei Rotweinsorten, die weiß gekeltert werden (Pinot noir und Pinot Meunier), und einer Weißweinsorte (Chardonnay). Das kühle Klima dieser nördlichsten Region Frankreichs gibt den Weinen eine kräftige Säure und einen schlanken Körper, ideale Eigenschaften für die Bereitung des berühmtesten Schaumweins der Welt.

Elsass

Vor Regen geschützt und zur Sonne offen bilden die Weinberge am Osthang der Vogesen ein über 100 km langes Band zwischen Mulhouse und Straßburg, das selten mehr als 5 km breit ist. Der Rhein und die badischen Nachbarn sind fast immer in Sichtweite, und auch die Rebsorten sind die gleichen wie »drüben«, wenn auch französisch interpretiert: ebenso fruchtig, aber trocken, appetitanregend und eher alkoholstark (man scheut die Zugabe von Zucker nicht). Sie werden weitgehend reinsortig gekeltert und tragen die Rebsorte immer auf dem Etikett: Riesling, Sylvaner, Pinot gris und Gewürztraminer.

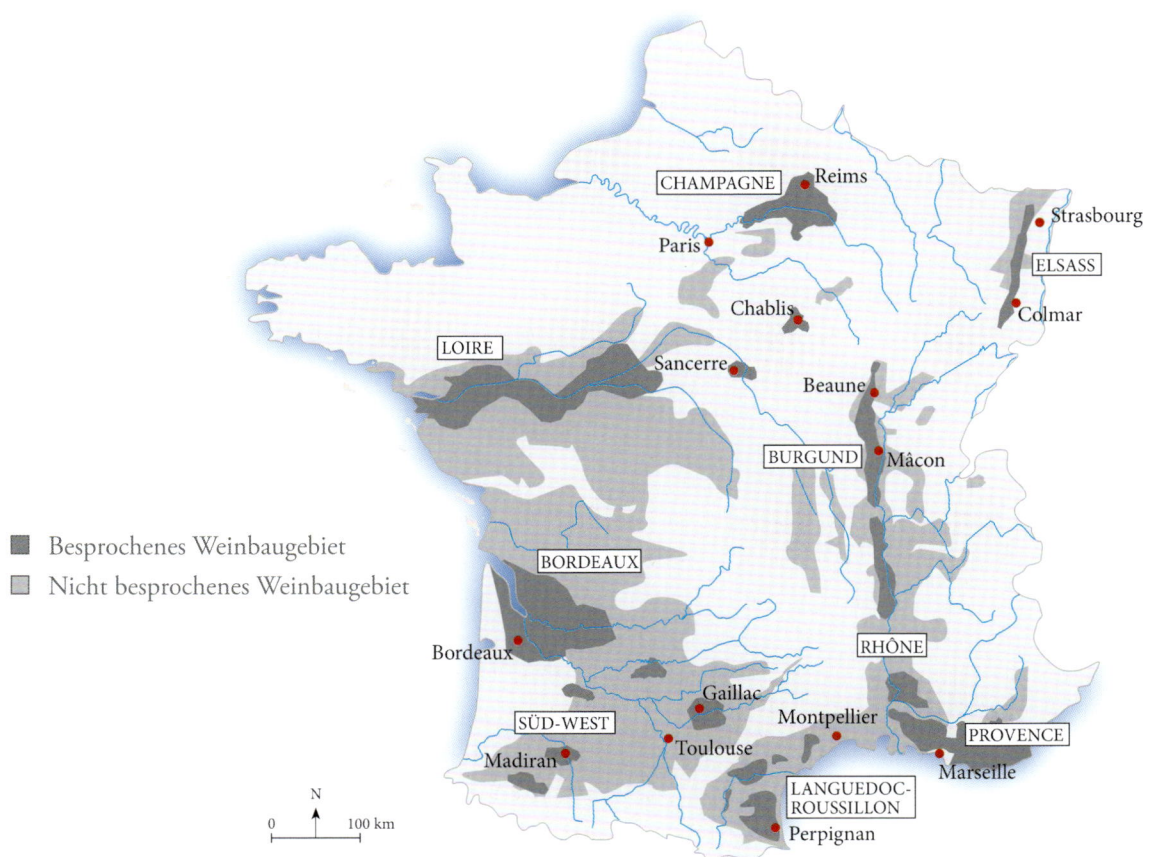

- ■ Besprochenes Weinbaugebiet
- ■ Nicht besprochenes Weinbaugebiet

Loire

Die Loire nennt sich zu Recht »fleuve royal«, königlicher Fluss, ihre Ufer sind mit Gärten und Schlössern geschmückt, die etwas von ihrer Eleganz auf die Weinberge abstrahlen, die über beinahe 1000 km dem Flusslauf folgen. Die Vielfalt der Loire-Weine ist enorm, alle verbindet aber ein frischer zarter Charakter. An der oberen Loire genießen die Weine von Sancerre und Pouilly-Fumé internationalen Ruf. Der Boden ist oft reich an Silex (Feuerstein), der dem Wein einen reizvollen mineralischen Charakter verleiht. An der mittleren Loire wachsen würziger roter Saumur und in Vouvray großartige Süßweine aus der Chenin-Traube. Weiter unten, nahe der Mündung und wie geschaffen als Begleiter zu den Gaben Neptuns, erbringt der Muscadet trockene und leicht salzige Weine aus einer dem Chardonnay verwandten Traube.

Rhône

Bei Lyon wendet sich die Rhône direkt nach Süden und öffnet sich geografisch und kulturell dem Mittelmeerraum. Die Weine werden warm, kraftvoll und feurig. Bis zum Meer ist es aber noch weit, eine Vielzahl von Appellationen reiht sich an die Ufer des größten Stroms Frankreichs. An der nördlichen Rhône herrscht die Syrah-Rebe vor und erbringt die berühmten Weine von Cornas, der Côte Rôtie, von Crozes-Hermitage und Hermitage. An der südlichen Rhône nimmt der Einfluss der Grenache-Traube zu, die allerdings oft mit anderen Trauben verschnitten wird. Die wichtigsten Appellationen haben klingende Namen: Châteauneuf-du-Pape, Côtes du Rhône und Gigondas.

Midi

Zwischen der Rhône-Mündung bei Marseille und den Pyrenäen spannt sich wie ein riesiges Amphitheater das Languedoc-Roussillon. Bis vor wenigen Jahrzehnten sprudelte hier ein unerschöpflicher Weinbrunnen einfachster Trinkweine für die Arbeiter der Pariser Vororte. Seit den 80er-Jahren ist eine klare Trendwende in Sicht. Immer mehr Winzer haben begriffen, welches Kapital in ihren Böden und der Kraft der Sonne steckt und mit kompromissloser Suche einen Neubeginn gesucht. Die besten Lagen lehnen sich an die Berge des Hinterlandes an. Im mehr der Rhône zugewandten Languedoc dominieren Mourvèdre, Grenache, Syrah, aus denen fruchtige, tiefdunkle Weine gekeltert werden, die den würzigen Duft der Garrigue verströmen. Das große Geschenk des Pyrenäen-nahen Roussillon an die Weinwelt beruht auf ihrer einmaligen Tradition von Süßweinen, die bis ins Mittelalter zurückreicht.

DIE SPRACHE DES ETIKETTS

Qualitätsstufen
Appellation Contrôlée oder Appellation d'Origine Contrôlée (AC, AOC): Staatliche Herkunfts- und Produktionsgarantie.
VDQS (Vin Délimité de Qualité Supérieure): Eine Stufe unter AC.
Vin de Pays: Einfacher Wein aus einer bestimmten Region.
Vin de Table: Einfacher Wein ohne Herkunfts- und Jahrgangsangabe.

Andere Angaben
Cru, Cru Classé, Grand Cru, Premier Cru: Damit werden in einem komplizierten System bestimmte Lagen besonders ausgezeichnet.
Mis en bouteille au château (domaine, propriété): Erzeugerabfüllung.
Villages: Besserer Ort innerhalb einer Appellation Contrôlée (AC).

■ Besprochenes Weinbaugebiet

□ Nicht besprochenes Weinbaugebiet

FRIAUL

Mailand

Venedig

PIEMONT

VENETO

Genua

Florenz

TOSKANA

Rom

Neapel

N

0   100 km

SÜDITALIEN MIT SIZILIEN

Palermo

italien

Es ist kaum zu glauben, aber ein Viertel aller Wein-
stöcke dieser Welt steht in Italien. Schon die alten
Griechen nannten dieses Land »oinotria«, vom Wein
gesegnet. Und das ist Italien auch heute noch. Vom
rauen Aosta-Tal im Norden bis zur sonnengerösteten
Insel Pantelleria auf der Höhe Tunesiens wächst Wein
in einer unerschöpflichen Vielfalt der Stile, Rebsorten
und Traditionen.

Bis in die 60er-Jahre des vergangenen Jahrhunderts
galt Italien in den Augen der internationalen Weinwelt als die Heimat fröhlicher Trinkweine, die feinen
Weine stammten aus Frankreich oder sogar aus
Deutschland. Zwei Pioniere haben dieses Bild seither
völlig verändert: Angelo Gaja im Piemont und Piero
Antinori in der Toskana. Sie brachen mit Charisma,
Tatkraft und Visionen alte Denkweisen und Strukturen auf, und eine ganze Generation junger Winzer ist
ihnen gefolgt. Heute gehören alle italienischen Wein-
regionen zu den innovativsten und lebendigsten der
ganzen Welt, und mindestens drei davon haben es bis
in die oberste Liga geschafft: Piemont, Toskana und
Friaul. Ihre Weine stehen heute auf gleicher Augenhöhe mit Bordeaux, Burgund und Kalifornien. Auch
andere Regionen wie das Veneto oder der ganze
Süden ziehen nach.

Piemont

Im Piemont ist das Meer weit entfernt. Fleisch und
Käse, Wild und Trüffeln prägen die Küche. Dazu passen auch die Weine, die hier aus der Nebbiolo-Traube
gekeltert werden: Barolo und Barbaresco. Sie gehören
zu den größten Gewächsen der Welt, sind erdhaft,
tanninbetont und brauchten einst ein Jahrzehnt und
länger, um ihren einmaligen Charakter zu entwickeln.
Heute sind sie schon etwas früher trinkreif, aber
immer noch echte Lagerweine. Sie duften nach Rosen
und Brombeeren, aber auch nach Trüffeln und Teer.
Der Herbst ist ihre Jahreszeit.

Daneben haben würziger Barbera, weicher mandel-
duftiger Dolcetto, sowie – in der Gegend von Asti –
schäumender Weißwein aus der aromatischen Moscato-Traube in den letzten 20 Jahren internationales
Niveau erreicht.

Hügelzone des Collio im Friaul

Veneto

Im Hinterland Venedigs südlich und östlich des Gardasees erstreckt sich die Gartenlandschaft des Veneto. Hier wächst der weiße Soave aus der Garganega-Traube. Als neutraler Massenwein füllt er die Exportmärkte, seine besten Repräsentanten aber sind fein und duften nach Zitronen und Mandeln. Ähnlich breit gefächert ist das Qualitätsspektrum bei den Rotweinen: Der leichte, hellrote Valpolicella kann in der Hand des richtigen Winzers zu Frucht und Schmelz aufblühen. Der süße Recioto und der trockene Amarone werden aus teilgetrockneten Trauben hergestellt, sind schwer, alkoholreich und von geradezu überwältigender Fülle.

Friaul

Im Friaul kreuzen sich die Wege und Kulturen. Slowenien und Österreich sind näher als »Italien«. Die gegensätzliche Topografie von Gebirge, Ebene und Meer begünstigt ein einmaliges Klima: Von Norden strömen alpine Luftmassen kühlend in die heiße Ebene herunter, von der Adria her wehen umgekehrt ausgleichende Lüfte in die Hügel hinauf, ideale Bedingungen für den Anbau von feinem, fruchtig-aromatischem Weißwein. Folgerichtig reifen hier denn

auch die kostbarsten Weißen des Landes: Pinot grigio, Sauvignon blanc und körperreiche intensive Tropfen aus einer einheimischen, bisher eigenartigerweise Tocai genannten Rebsorte (sie ist weder mit dem Tokay d'Alsace noch mit dem ungarischen Tokaji verwandt). In Zukunft darf sie nach EU-Recht nur noch Friulano heißen. Diese Weine tragen alle das unverwechselbare Markenzeichen des Friaul: Eleganz, fruchtige Frische, Raffinesse und einen sauberen Duft. Die Region hat auch bei den Roten erstaunliche Qualitäten zu bieten: weichen, mundfüllenden Merlot und Cabernet Sauvignon.

Toskana

Das Herz Italiens ist die Toskana, das Herz der Toskana das Chianti-Gebiet und das Herz des Chianti-Gebiets wiederum der Chianti Classico, der italienischste aller italienischen Weine. Es gibt ihn in einfacher, guter und großartiger Qualität, aber immer ist er ein DOCG-Wein. Seine Hauptrebsorte ist der Sangiovese mit geringen Anteilen anderer Trauben. Um diesen Kern gruppiert sich ein halbes Dutzend anderer Chianti-Regionen, die zwar weniger berühmt sind, aber dem großen Bruder durchaus ebenbürtig sein können. Zwei ganz eigenständige Weinpersönlichkeiten treffen wir im Süden und Südosten der Toskana: den Respekt erheischenden Brunello aus Montalcino und den etwas zugänglicheren Vino Nobile di Montepulciano, beide aus regionalen Klonen der Sangiovese-Traube gekeltert. Zu ihnen gesellt sich neuerdings in der Küstenregion der Maremma eine weitere Variante des Sangiovese, der Morellino di Scansano, er duftet üppig nach Sauerkirchen, Zwetschgen und Waldbeeren.

Seit den 80er-Jahren experimentieren einige der besten Weingüter der Toskana mit fremden Rebsorten, die sie mit Sangiovese verschneiden. Diese »Supertoskaner« mussten früher als Vini da Tavola gekennzeichnet werden, neue Gesetze öffneten ihnen aber Tür und Tor, um in die Chianti-Familie zurückzukehren. Rund um das Bilderbuchstädtchen San Gimignano wächst der Vernaccia di San Gimignano, ein Weißwein, der in der Hand des richtigen Erzeugers echte Klasse erreichen kann.

Süditalien

Süditalien ist innerhalb Italiens wiederum ein kleiner eigener Weinkontinent mit mindestens drei eigenständigen Regionen, in denen seit zwei Jahrzehnten eine faszinierende Aufbruchstimmung herrscht: Kampanien, Apulien und Sizilien.

Von den Weinen aus Kampanien, dem Hinterland Neapels, berichteten schon die Römer mit großer Bewunderung. Hier wachsen auf vulkanischen Böden und in Höhen bis 700 m auch heute wieder Weine von großer Klasse und starkem Charakter. Ein berühmtes Trio führt sie an und hat auch den Status von DOCG-Weinen erreicht: Die beiden ausdrucksstarken Weißweine Greco di Tufo und Fiano di Avellino und der Star unter den Rotweinen, der Taurasi. Die Geschichte seiner Rebsorte Aglianico geht angeblich sogar auf die alten Griechen (Ellenico) zurück.

Die interessantesten Weine Apuliens erreichen uns von ganz unten aus dem Stiefelabsatz Italiens, dem Salento. Hier landeten die Griechen zuerst und pflanzten vor zweieinhalb Jahrtausenden ihre ersten Reben auf italienischem Boden. Bis in die jüngste Vergangenheit spielten die Weine Apuliens nur die undankbare Rolle des Aufbesserers für schwächliche »Nordlichter« in Mittel- und Norditalien. Heute aber hat man entdeckt, welches Potenzial in den einheimischen Rebsorten Negroamaro und Primitivo schlummert. Salice Salentino (aus Negroamaro) wurde zusammen mit Primitivo di Manduria zum Star am süditalienischen Weinhimmel.

Sizilien war schon immer der Dreh- und Angelpunkt des Mittelmeers. Neben einigen erstaunlichen Weißweinen sind es vor allem die aus der Nero-d'Avola-Traube gekelterten Rotweine, die für Aufsehen sorgen. Sie sind dunkel, weich und alterungsfähig. Ganz besondere Schätze bietet Sizilien dem Liebhaber von süßen und gespriteten Weinen: Der Moscato di Pantelleria stammt von einer kleinen windgepeitschten Insel, die näher bei Afrika als bei Italien liegt, und wird aus an der Luft getrockneten süßen und hocharomatischen Beeren gekeltert. Der Marsala dagegen geht auf die alte Tradition gespriteter Weine für die Seefahrer zurück und findet glücklicherweise wieder Liebhaber auf der ganzen Welt.

DIE SPRACHE DES ETIKETTS

Qualitätsstufen
Denominazione di Origine Controllata e Garantita (DOCG): Staatliche Herkunfts- und Produktionsgarantie für die besten italienischen Weine.
Denominazione di Origine Controllata (DOC): Staatliche Herkunfts- und Produktionsgarantie.
Indicazione Geografica Tipica (IGT): Einfacher Wein aus einer bestimmten Region bzw. Weine, die noch keinen DOC-Status haben. Hier kann man auch Spitzenweine finden, die den DOC-Vorschriften nicht entsprechen.
Vino da Tavola: Einfacher Wein.

Andere Angaben
Classico: Kerngebiet einer Appellation.
Imbottigliato all'origine: Erzeugerabfüllung.
Riserva: Längere Reifung.
Superiore: DOC-Wein von höherer Qualität.

deutschland

Mitten durch Deutschland geht der 51. Breitengrad, der die Grenze markiert, bis zu der die Rebe noch gedeihen und ihre Trauben zur Reife bringen kann. Der größte Teil der deutschen Weinberge sucht daher in den warmen Talgründen der Flüsse Schutz vor dem nördlichen Klima mit seinen tiefen Temperaturen und harten Wintern: Das größte zusammenhängende Talsystem wird vom Rhein mit seinen Nebenflüssen geformt, der Mosel (mit Saar und Ruwer), der Nahe, dem Main und dem Neckar. Sie bilden eine verästelte, nischenreiche Weinlandschaft mit unendlich vielen geologischen und klimatischen Varianten. Neu hinzugekommen sind die östlichen Flusstäler von Saale, Unstrut und Elbe. Nur im Süden des Landes kann man etwas größere Flächen mit Reben bepflanzen. Damit bleibt Deutschland mengenmäßig ein Kleiner unter den Großen. Unter seinem Patronat wächst hier allerdings ein echtes Juwel, der größte Weißwein der Welt: der Riesling.

Mosel-Saar-Ruwer

In endlosen Schleifen hat sich die Mosel durch dunkles Schiefergestein hindurchgesägt und dabei ein tiefes Tal mit steilen, oft fast senkrechten Wänden gegraben. In den nach Süden geöffneten Steilhängen fangen sich das Licht und die Wärme der Sonne wie in einem Brennspiegel. Hier liegen die besten Lagen und zwingen die Winzer dazu, in halsbrecherischer Handarbeit ihre Reben zu schneiden und Trauben zu lesen. Dafür werden sie von der Natur reich belohnt: mit einem Wein in Vollendung, dem Mosel-Riesling. Leider sei gleich auch ein Warnschild aufgestellt: Gerade hier floriert in den flachen Bereichen der Massenweinbau und profitiert vom großen Ruf der Mosel (und der Gesetzgeber gibt seinen Segen dazu …).

Rheingau

Im Rheingau liegt die Wiege der deutschen Weinkultur. Karl der Große soll dabei höchstpersönlich Pate gestanden haben. Auf seinem langen Weg nach Norden fließt der Rhein ein einziges Mal für knapp 30 km von Osten nach Westen. Doch gerade das ist eine große Tat, formt er doch damit an seinem Nordufer die sanften Hügel des Rheingaus. Perfekt nach Süden ausgerichtet liegen sie den ganzen Tag in der Sonne. Zu ihren Füßen zieht der Rhein als träger Strom breit dahin und spiegelt Licht und Wärme in die Reben zurück. Hier wächst fast ausschließlich Riesling, er hat einen volleren Körper als seine Verwandten von der Mosel und eine rassige Säure und wird meist trocken ausgebaut.

- Besprochenes Weinbaugebiet
- Nicht besprochenes Weinbaugebiet

Rheinhessen

Südlich des Rheingaus zieht sich eine sanfte, von Reben und Feldern bedeckte Hügellandschaft bis hinunter nach Worms: Rheinhessen, das größte deutsche Weinbaugebiet. Im Inneren dieses weiten Bogens wachsen sehr unterschiedliche Weine von ebenso unterschiedlicher Qualität: Müller-Thurgau, Riesling, Silvaner, Kerner, Scheurebe und viele andere mehr. Von der Rheinfront im Osten zwischen Oppenheim und Nackenheim kommt allerdings ein kleines Riesling-Wunder, ermöglicht durch einen Steilhang aus rotem Tonschiefer, dem berühmten Roten Hang.

Franken

Der Main ist der Fluss des Frankenweins. Reben säumen seine Ufer bis weit nach Osten und bilden ein eigenes kleines Reich für sich. Mittendrin liegt die Barockstadt Würzburg mit ihrem berühmten Schloss. Die klassische Traube des Mains ist der Silvaner, der hier kräftige, trockene und erdige Weine mit erstaunlicher Lebenskraft erbringt. Die Flasche des Frankenweins ist der traditionelle Bocksbeutel, der als Markenzeichen eifersüchtig verteidigt wird.

Pfalz

Wandert man durch die Pfalz, wird man in vielerlei Hinsicht an das benachbarte Elsass erinnert: Hier wie dort stehen schiefe Fachwerkhäuser in den Dörfern, die Weinberge blicken in dasselbe Rheintal, und hier wie dort werden Riesling, alle Burgundersorten, Gewürztraminer und Muskateller angebaut. Das Weinbaugebiet der Pfalz ist ein 80 km langer Hang mit sehr unterschiedlichen Böden und Rebsorten. Neben einigen berühmten Winzern in der Mittelhaardt, die vor allem Riesling anbauen, und dem Süden mit bemerkenswerten Rotweinen gibt es eine Vielzahl aufstrebender Erzeuger, die die Pfalz zu einem lohnenden Revier für Entdeckungsfahrten machen.

Baden

Der Slogan stimmt, Baden ist tatsächlich von der Sonne verwöhnt. Von der Talsohle des Rheins bis hinauf zu den Tannenwäldern des Schwarzwalds stehen die Reben auf einem über 200 km langen Band zwischen Basel und Mannheim. Die besten Weine reifen auf den Hügeln rund um den Kaiserstuhl, einem erloschenen Vulkan mitten in der Rheinebene. Hier gedeiht der rote Spätburgunder in für Deutschland einmaliger Farbtiefe und Geschmacksfülle neben den weißen Grauburgundern, Weißburgundern und Silvanern.

DIE SPRACHE DES ETIKETTS

Qualitätsstufen

Qualitätswein: Trocken bis lieblich, Zuckerzusatz vor der Gärung ist erlaubt.

Kabinett: Darf nicht gezuckert werden, leichtere Weine.

Spätlese: Weine aus hochreifen Trauben. Körperreicher, oft mit etwas Restsüße.

Auslese: Weine aus hochreifen Trauben, oft mit etwas Edelfäule und Restsüße.

Beerenauslese: Süßweine aus edelfaulen Trauben.

Eiswein: Weine aus am Rebstock natürlich gefrorenen Trauben.

Trockenbeerenauslese (TBA): Edelste Süßweine aus handverlesenen Beeren edelfauler Trauben.

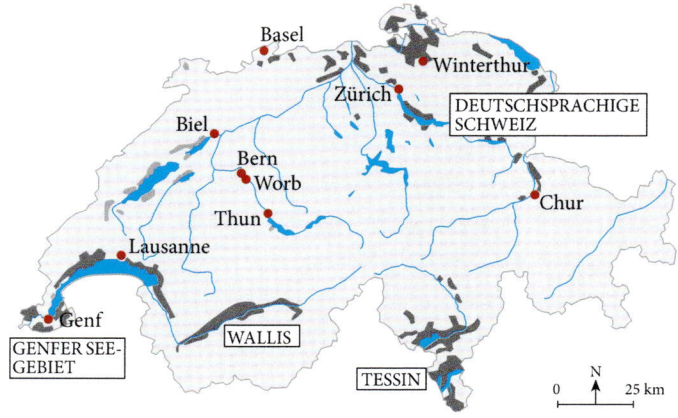

■ Besprochenes Weinbaugebiet
□ Nicht besprochenes Weinbaugebiet

schweiz

Die Schweiz ist kulturell und geografisch reich gegliedert, hier wächst in fast jeder Ecke Wein: in den Alpentälern, im mediterranen Tessin, an den lieblichen Ufern der Seen, in der deutschen, der französischen und in der italienischen Schweiz. Und doch gehört die Schweiz mit gerade mal 15 000 ha zu den kleinen Weinländern. Die hier gekelterten 110 Mio hl decken zudem weniger als die Hälfte des Weinkonsums der Schweizer, für den Export bleibt deshalb nur wenig übrig. Kein Wunder also, dass man im Ausland die zum Teil exzellenten Tropfen aus den Schweizer Kellern kaum kennt. Eine neue Generation von jungen, gut ausgebildeten Winzern sucht jedoch seit einigen Jahren diese Isolation zu durchbrechen und sich auf dem internationalen Parkett zu zeigen und zu messen. Am deutlichsten zeigt sich diese Unruhe im Wallis, im Tessin und in der Bündner Herrschaft.

Wallis

Das Wallis ist eine weite abgeschlossene Tallandschaft inmitten der Alpen. Der Wein wächst hier auf zum Teil atemberaubenden Steilhängen: kräftiger, konzentrierter Fendant aus der Chasselas-Traube, aromatischer Dôle (ein Verschnitt aus Pinot noir und Gamay), würziger Syrah und eine ganze Reihe lokaler Spezialitäten. Wer sich für alte Rebsorten interessiert, findet im Wallis ein kleines Paradies. Diese Landschaft ist seit der Antike ein Kreuzungspunkt vieler Straßen und Passübergänge, über die sich Reben verbreiten konnten. Gleichzeitig ist sie aber auch ein geschlossener Raum, in dem diese Pflanzen über Jahrhunderte hinweg alle Moden überlebten. Über 40 verschiedene, meist autochthone Rebsorten birgt diese Schatzkammer noch heute. Die interessantesten sind die aromatisch nach Grapefruit, Rhabarber und Quitten duftende Petite Arvine bei den Weißen und die beiden charaktervollen Rotweine Humagne rouge und Cornalin.

Gebiet Genfer See

Weiter westlich spiegelt der Genfersee die Sonne und durchflutet seine Ufer mit Licht und milder Wärme. In der Gegend zwischen Montreux und Lausanne liegt das Lavaux. Sein geschlossener spektakulärer Landschaftsbogen mit dem zum Weltkulurerbe gehörenden Dézaley im Zentrum formt eines der schönsten Weinbaugebiete der Welt. Hier wächst delikater Chasselas von größter Finesse und Komplexität. Für viele ist er die höchste Steigerung, zu der diese Rebe sich aufschwingen kann.
Weiter westlich schließen sich die sanften Moränenhügel der La Côte an. Hier gedeiht bis hinunter nach Genf ebenfalls hauptsächlich Chasselas, er ist aber leichter, frischer und blumiger.

Deutschsprachige Schweiz

An den Ufern der zahlreichen See und Flüsse der ganzen Nord- und Ostschweiz hat sich schon seit vielen Jahrhunderten eine reiche und weitverstreute Weinkultur entwickelt. Die hier gekelterten Müller-Thurgau- und Blauburgunderweine verlassen aber nur selten den Ort ihrer Geburt, wo sie zweifellos auch am besten schmecken.

Qualitativ in einer eigenen Liga spielen die Winzer der innovationsfreudigen Bündner Herrschaft. Hier weht der warme Föhnwind durch die auf 600 m Höhe liegenden Weinberge; er »kocht« die Trauben, wie die Einheimischen sagen. In diesem Wechselspiel von kühlender Höhenlage und warmem Herbstwind entwickeln die Trauben des Blauburgunders intensive und konzentrierte Aromen von großer Ausdruckskraft.

Tessin

Das Tessin verbindet die Schweiz im Süden landschaftlich, klimatisch und kulturell mit der Lombardei. Die »Nationalrebe« des Tessins ist der Merlot. Seit über 100 Jahren wird er hier angepflanzt und dominiert mit 85 % souverän die Rebberge. Früher wurde daraus fast ausschließlich ein eher rustikaler Schankwein gekeltert, der den Einheimischen und den Fremden im Grotto auch heute noch mundet. Daneben entstehen aus dieser Rebsorte neuerdings aber auch eindrucksvolle Weine, die einer internationalen Konkurrenz durchaus standhalten können.

Weinterrassen bei Saillon im Kanton Wallis

DIE SPRACHE DES ETIKETTS

Qualitätsstufen

AOC und Grand Cru: Die oberste Qualitätsstufe der Schweizer Weine. Die Bezeichnung dieser Stufe lautet AOC, gefolgt vom Namen der Region, in der der Wein wächst. Für einige Gemeinden oder Lagen dieser Kategorie ist die Bezeichnung Grand Cru zugelassen.

Vin de Pays, Landwein: Weine einfacherer Qualität mit Herkunftsbezeichnung.

Tafelwein: Einfache Weine ohne Terroircharakter und ohne Herkunftsbezeichnung.

österreich

Ein Blick auf die Karte genügt, und man erkennt die wichtigsten Merkmale des österreichischen Rebbaus: Alle Weinberge liegen schön aufgereiht entlang der östlichen Grenze des Landes, dort, wo die Kette der Alpen langsam abbricht und in die großen Ebenen des Wiener Beckens und der oberungarischen Tiefebene übergeht. Die österreichische Karte zeigt aber nur die Hälfte der Wahrheit: Jenseits der Grenze gehen die Weinberge in den Nachbarländern weiter, in Tschechien, der Slowakei, in Ungarn und in Slowenien. Mit allen diesen Ländern herrschte in der Vergangenheit und herrscht auch heute wieder ein reger Austausch, der auf alten gewachsenen Traditionen beruht. Auch die Verwandtschaft der Weine ist über alle diese Grenzen hinweg spürbar.

Die Weinberge beginnen tief in den Alpen, im Donautal mit der Wachau und ihren Steilterrassen und gehen dann über in die sanften Hügellagen des Voralpengebiets. Nur im Burgenland, um den Neusiedler See herum greifen sie in die Weite der ungarischen Tiefebene hinaus, in der flach und warm der größte Steppensee Europas liegt, der Neusiedler See. Ent

sprechend vielfältig sind die Böden und das Klima: In der Wachau senken die Reben ihre Wurzeln in Granit und Gneis, im Kamptal in Löss, um den Neusiedler See in Schwarzerde und Lehm und in der Steiermark schließlich in vulkanischen Basalt und in Tuff. Das Klima folgt dieser Topografie: Von Osten her dringt die trockene Hitze der pannonischen Ebene bis an den Alpenrand vor, man spürt sie bis weit hinein in die alpine Region. Dem Gebiet um den Neusiedler See schenkt sie die längste Sonnenscheindauer ganz Mitteleuropas. Umgekehrt schützt der Alpenwall die Weinberge im Westen vor Nässe und Kälte.

Diese reich gegliederte Landschaft birgt eine schier unübersehbare Vielzahl an Nischen und Klimakammern mit ganz individuellen Verhältnissen, sie machen den österreichischen Wein zu einer Fundgrube für alle Weinfreunde.

Wachau, Kremstal, Kamptal

Das Weinbaugebiet Niederösterreich folgt dem Lauf der Donau von der Wachau im Westen bis hinein in die Stadt Wien im Osten. In der Wachau wachsen die Reben hoch über der Donau auf felsigen Terrassen, bis zu 400 m tief hat sich der Fluss hier in die Felsen eingeschnitten. Maschinen haben in diesem Gelände keine Chance, der Winzer muss selbst zupacken. Die Landschaft ist so einmalig und spektakulär, dass sie in das UNESCO-Verzeichnis des Weltkulturerbes aufgenommen wurde. Vom Tal aus gleicht der breite Strom der Donau die heißen, trockenen Sommer und die strengen Winter aus und erlaubt den Trauben eine lange Reifeperiode. Die mineralischen, tiefgründigen und extrem haltbaren Rieslinge und der pfefferwürzige Grüne Veltliner der Wachau gehören zu den besten des Landes.

Nach Norden und Osten schließen sich die beiden kleinen Weingebiete Kremstal und Kamptal an, die etwas im Schatten des großen Nachbarn im Westen liegen, aber durchaus Weine von ebenbürtiger Qualität hervorbringen können.

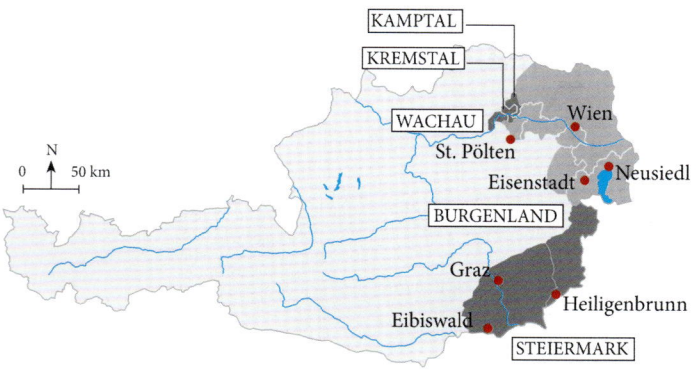

■ Besprochenes Weinbaugebiet

■ Nicht besprochenes Weinbaugebiet

Rust am Neusiedler See

Burgenland

Streng genommen zerfällt das Burgenland verwaltungstechnisch in vier Weinbaugebiete: den Neusiedler See, das Neusiedler-See-Hügelland, Mittelburgenland und Südburgenland. Hört der Weinfreund jedoch Burgenland, so denkt er an zwei Kostbarkeiten: an die traditionsreichen edelsüßen Dessertweine vom Neusiedler See und die Rotweine aus dem ganzen Gebiet des Burgenlands, die in den letzten zehn Jahren für das sogenannte Rotweinwunder sorgten. Die Süßweine verdanken alles dem See, der im Herbst mit seinem warmen Dunst die Trauben »verfaulen« lässt. Die seit dem 16. Jahrhundert bezeugte Tradition, aus den mit Edelfäule befallenen Trauben Süßweine zu keltern, kam durch die Reblauskatastrophe zum Erliegen und wurde erst in den letzten Jahrzehnten wieder aufgegriffen und zu weltweitem Erfolg geführt. In allen vier Regionen beobachten die Weinliebhaber mit Staunen das Rotweinwunder des Burgenlands. In einer beispiellosen Aufbruchstimmung keltern die Winzer aus den Rebsorten Blaufränkisch, Zweigelt, St. Laurent und Pinot noir Weine von bisher ungeahnter Kraft und Tiefe. Noch sind sie in einer Experimentierphase und suchen mit Cuvées und mit Barriqueeinsatz nach eigenständigen Wegen, der internationale Erfolg hat sich aber schon eingestellt.

Steiermark

Die Steiermark ganz im Südosten des Landes liegt an der klimatischen Grenze zwischen dem Einfluss der feuchtwarmen Luft aus dem Mittelmeerraum und dem heißen, trockenen Klima der pannonischen Tiefebene. Die Weinberge stehen auf steinigen, oft auch steilen Hang- und Hügellagen, dort, »wo der Pflug nicht mehr durchkommt«. Hier herrschen hervorragende Bedingungen für elegante, frische und fruchtige Weißweine: Herausragend sind die sortenreinen Sauvignon-blanc-Gewächse und die Morillons (wie der Chardonnay hier heißt).

DIE SPRACHE DES ETIKETTS

Qualitätsstufen
Prädikatsweine werden wie in Deutschland in Unterkategorien gegliedert (zu denen aber Kabinett nicht gehört). In aufsteigender Reihenfolge sind dies: Spätlese, Auslese (höheres Mostgewicht) und die Spezialitäten Strohwein (aus teilgetrockneten Trauben), Eiswein, Beerenauslese, Trockenbeerenauslese.
Die Wachau besitzt ihr eigenes System mit drei Qualitätsstufen: Steinfeder, Federspiel und Smaragd, die sich durch ihr Mostgewicht unterscheiden.Qualitätswein liegt eine Stufe darunter und umfasst die Kategorien Qualitätswein und Kabinett.
Tafelwein und Landwein sind die untersten Stufen; sie dürfen nicht in 0,75- l-Flaschen abgefüllt werden.

spanien

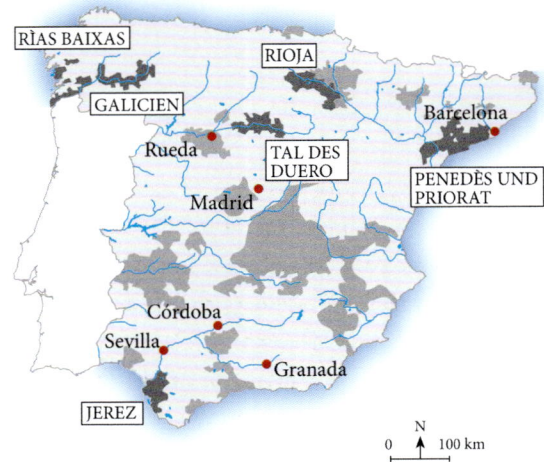

Spanien ist (zusammen mit Portugal) ein Kontinent für sich. Durch die Pyrenäen vom übrigen Europa getrennt, liegt es zwischen Atlantik und Mittelmeer und bildet so eine Brücke zu Afrika und über den Atlantik hinaus zu allen Kontinenten der Welt. Fast überall im Land wächst Wein in gegensätzlichen Klimazonen: vom kühlen Galizien im Nordwesten über die milderen Mittelmeergebiete bis zum glühenden Hochland im Zentrum. Entsprechend umfasst der Weinkosmos Spaniens alles, was das Herz des Weinfreunds begehrt: vielfältige Rot- und Weißweine, den Cava, eine ganz eigenständige Interpretation des Themas Schaumwein, und schließlich den besten Aperitifwein der Welt, den Sherry.

■ Besprochenes Weinbaugebiet

■ Nicht besprochenes Weinbaugebiet

Rioja

Im Nordosten Spaniens, gegen den kühlen Einfluss des Atlantiks geschützt und zum warmen, aber gemäßigten Mittelmeer hin offen, liegt Rioja, das international bedeutendste Rotweingebiet Spaniens. Frankreich, vor allem das Bordelais, mit seinen Traditionen und Weinbautechniken liegt nah und ist überall spürbar. Von dort wurde vor allem auch der Gebrauch des kleinen Holzfasses übernommen. Die hier verwendete amerikanische Eiche mit ihrem süßen Vanilleduft drückt dem Rioja aber einen ganz eigenen charakteristischen Stempel auf. Starke Ausgangsweine erreichen auf diese Weise Kraft, Feinheit und Adel und können Jahrzehnte alt werden. Etwa 20 % der Weine aus Rioja sind weiß und begeistern mit jugendlichem Duft.

Penedès und Priorat

Die südwestlich von Barcelona liegende Region Penedès ist vor allem bekannt durch ihre ausgezeichneten Schaumweine. In ihrer höher gelegenen und daher kühleren Hügelzone herrschen hervorragende Bedingungen für den Anbau der drei einheimischen Rebsorten vor, aus denen dieser »Champagner« Spaniens gekeltert wird. Etwa 60 % der hier geernteten Trauben sind für ihn reserviert. Tiefer und dem Mittelmeer näher liegt das Bajo Penedès, wo Rotweine angebaut werden, die neben dem Rioja durchaus bestehen können. Natürlich dominiert auch hier die spanische Nationalrebe Tempranillo.

Noch weiter südwestlich, schon tief im Gebirge versteckt, liegt das kleinste und erstaunlichste Weingebiet Spaniens, das Priorat. Steile Hänge und brauner Schiefer haben hier eine einmalige geologische Situation geschaffen – für einen hauptsächlich aus Garnacha- und Cariñena-Trauben gekelterten konzentrierten Wein von atemberaubender Wucht und Fülle.

Galicien, Rías Baixas

Im Norden und Westen wird Galicien vom Atlantik umspült. Seine kühlen Winde bringen Wolken und Regen bis tief ins zerklüftete Landesinnere, das Land strotzt daher vor grüner, satter Fruchtbarkeit, ein ideales Klima für den besten Weißwein des Landes, den aus der Albariño-Traube gekelterten Rías Baixas. Seine Rebsorte wurde oft mit dem deutschen Riesling verglichen, denn beide haben eine intensive würzige Aromatik mit blumigen und fruchtigen Noten und einer rassigen Säure.

Das Tal des Duero

Auf 800 m Höhe am Oberlauf des Duero (an dessen Unterlauf in Portugal der Port wächst) sind die Tage zwar heiß, die Nächte aber auch im Sommer kühl: ideale Bedingungen für einen tiefdunklen, saftig-fruchtigen Rotwein, den Ribera del Duero. Er wird zu mindestens 85 % aus einer lokalen Variante des Tempranillo gekeltert und meist in Barriques ausgebaut. Zusammen mit dem Priorat und dem Rioja-Gebiet bildet er die Spitzengruppe der spanischen Rotweine. Auch der berühmteste Rotwein Spaniens überhaupt, der Vega Sicilia, stammt von hier.

Erst seit den 70er-Jahren etabliert sich weiter unten im Duero-Tal ein neues Weißweingebiet, Rueda. Die Kellerei Marqués de Riscal hat die hervorragende Eignung dieser Region für eine einheimische Rebsorte, Verdejo, entdeckt und baut hier seit 1971 einen ganz neuen charaktervollen Weißwein an, der in dieser heißen Gegend überhaupt erst durch die moderne Lese- und Kellertechnik möglich geworden ist. Er duftet verführerisch kräuterwürzig nach Anis und Lorbeer.

Jerez

Das Anbaugebiet Jerez in der südlichsten Ecke Andalusiens liegt schon fast auf der Höhe Afrikas. In Jerez de la Frontera wird aus der Palomino-Traube einer der eigenwilligsten und feinsten Weine der Welt gekeltert: der Sherry. Streng genommen ist er eigentlich weniger aus der eigenen Tradition heraus gewachsen als aus dem fruchtbaren Austausch mit den Engländern, deren Schiffe hier vor Anker lagen.

DIE SPRACHE DES ETIKETTS

Qualitätsstufen
Denominación de Origen Calificada (DOCa): Spitzenwein (nur in Rioja).
Denominación de Origen (DO): Staatliche Herkunfts- und Produktionsgarantie.
Vino de la Tierra, Vino Comarcal: Einfacher Wein aus einer bestimmten Region.
Vino de Mesa (VdM): Einfacher Wein.

Andere Angaben
Crianza: Mindestens 2 Jahre Ausbau, davon 6 Monate im Eichenfass.
Reserva: Mindestens 3 Jahre Ausbau, davon 1 Jahr im Eichenfass.
Gran Reserva: Mindestens 5 Jahre Ausbau, davon 2 Jahre im Eichenfass.
Embotellado (de origen): Erzeugerabfüllung.

portugal

Auf einer Landkarte Portugals erkannte der Weinfreund bis vor wenigen Jahren nur das Tal des Douro, in dem der Portwein wächst. Das hat seinen guten Grund, denn seit der Reblauskatastrophe steckte das Land in einer Lähmung, die durch das zentralistische Regime des Diktators Salazar noch verstärkt wurde. Er organisierte den Weinbau streng genossenschaftlich und erstickte damit jede Individualität. Erst die Revolution 1974 und der Beitritt zur EU 1986 brachten die Erlösung und das notwendige Kapital. Seither blüht der Weinbau in Portugal wieder auf wie eine Blumenwiese nach einem warmen Frühlingsregen.

Im Schatten dieser Agonie haben viele einheimische Rebsorten überlebt, von denen niemand im Ausland etwas wußte. Hinzu kommt, dass das Land, so klein es auch sein mag, doch über eine erstaunliche Vielfalt an Landschaften und klimatischen Zonen verfügt: Der Atlantik, das Mittelmeer und das nahe kontinental geprägte Innere der iberischen Halbinsel wirken in ganz unterschiedlicher Stärke auf die verschiedenen Regionen ein. Portugal ist zwar ein Land im Aufbruch, hat dem Weinfreund aber schon heute erstaunlich viel zu bieten.

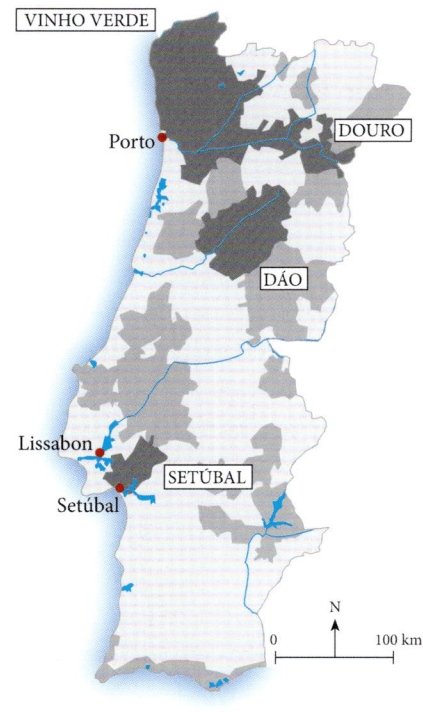

■ Besprochenes Weinbaugebiet
■ Nicht besprochenes Weinbaugebiet

Vinho Verde

Südlich angrenzend an das spanische Galicien wachsen auf portugiesischem Boden unter ganz ähnlichen Bedingungen ebenfalls bedeutende Weißweine. Das Klima ist auch hier vom Atlantik geprägt: Regen fällt im Überfluss, das Land ist fruchtbar und grün, die Temperaturen verhältnismäßig niedrig und ausgeglichen. Die besten Weine stammen aus derselben Traubensorte wie in Spanien, die dort Albariño und hier Alvarinho genannt wird, diese darf allerdings nur in der kleinen Unterregion Monção angepflanzt werden. Alle übrigen Weine sind Verschnitte aus einer Vielzahl anderer einheimischer Sorten.

Das DOC-Gebiet ist mit 35 000 ha eines der größten Portugals, diese Fläche verteilt sich aber auf ebenfalls etwa 35 000 meist kleine Erzeuger.

Dão

Die Region Dão liegt am Oberlauf des gleichnamigen Flusses und ist gegen den Atlantik und seine Regenwolken durch die Serre de Caramulo geschützt. Trotzdem kommt die ausgleichende Kraft des Ozeans durch und mildert die Hitze des Sommers ebenso wie die Kälte im Winter. Auf der anderen Seite, gegen Osten und Südosten, steigen die Berge stellenweise bis knapp unter 2000 m Höhe an und schirmen die Region gegen die Backofenhitze des spanischen Hochlandes ab. Dazwischen liegt ein malerisches Granitbecken, das vom Fluss Dão mit seinen Nebenflüssen bewässert wird. Die Weinberge liegen verstreut zwischen duftenden Pinienwäldern.

Die abgeschlossene Lage hat viele einheimische Rebsorten bewahrt, die wichtigste heißt Touriga nacional und muss zu mindestens 20 % im Dão enthalten sein. Die Weine der Region sind frisch und fruchtig mit einem festen tanninreichen Kern. Sehr viele werden in Barriques ausgebaut.

Setúbal

Auf der Halbinsel Setúbal südlich der Tejo-Mündung entsteht der Moscatel de Setúbal, ein leicht aufgespriteter Wein aus der Rebsorte Muscat d'Alexandrie. Eine lange Maischezeit lässt ihn fast rot erscheinen. Aus der gleichen Gegend stammen verschiedene sehr schöne Weiß- und Rotweine, die man immer öfter auch bei uns finden kann.

Douro

Den Douro entlang flussaufwärts, etwa 100 km von der Hafenstadt Porto entfernt, liegt das Anbaugebiet des Portweins, der aus zahlreichen Rebsorten hergestellt wird. Der Fluss hat hier eine tiefe Schlucht in den Fels und die Schieferschichten des Hochlands gegraben, auf deren extrem trockenen, terrassierten Talhängen die Reben in der Tiefe nach Spuren von Wasser und Nährstoffen suchen. In den Beeren konzentrieren sich Aroma, Zucker und Farbe. Port wird aber erst zu Port durch seine Verarbeitung: Die Gärung

Im Douro-Tal entstehen neben dem Portwein auch erstaunliche Rotweine

der Maische wird bei noch erheblichem Restzucker durch Zugabe von Branntwein gestoppt. Um trotzdem möglichst viel Extrakt aus den Beerenschalen zu lösen, werden die Trauben traditionellerweise mit den Füßen gestampft.

Hier oben gedeihen allerdings auch einige erstaunliche Rotweine, aus einer ebenso erstaunlichen Vielzahl von über 80 autochthonen Rebsorten.

DIE SPRACHE DES ETIKETTS

Qualitätsstufen
Denominação de Origem Controlada (DOC): Staatlich kontrollierte Herkunftsbezeichnung.
Indicação de Proveniência Regulamentada (IPR): Eine Stufe unter DOC.
Vinho Regional: Einfacher Wein aus einer bestimmten Region.
Vinho de Mesa: Einfacher Tafelwein.

Sonstige Angaben
Adega: Kellerei
Branco: Weiß
Colheita: Jahrgang
Garrafado (na origem): Erzeugerabfüllung
Quinta: Weingut
Séco: Trocken

neue welt

Die ersten Reben der sogenannten Neuen Welt wurden schon vor einem halben Jahrtausend 1522 in Mexiko gepflanzt, es folgten 1655 Südafrika, 1788 Australien und schließlich 1819 Neuseeland. So neu ist der Weinbau in der Neuen Welt also keineswegs. Ins Bewusstsein der Europäer drangen ihre Weine aber erst seit den 70er-Jahren, als bei vergleichenden Weinproben die Weine aus Kalifornien, Australien und schließlich sogar Neuseeland die europäische Konkurrenz herausforderten und nicht selten überflügelten. Geografisch stammen diese Weine aus ganz verschiedenen, über den ganzen Erdball verstreuten Regionen. Was ist es also, das sie dennoch miteinander verbindet? Wir möchten versuchen, einige Tendenzen herauszufiltern, indem wir den Weinbau Burgunds mit dem Australiens vergleichen. Im vollen Bewusstsein, dass die Wirklichkeit sehr viel reicher und vor allem auch widersprüchlicher ist.

Die berühmten pazifischen Morgennebel in Kalifornien

Ein australischer Winemaker macht seinen Wein in der Kellerei, er braucht dafür gesunde vollreife Trauben, die er sich oft über weite Distanzen im Kühlwagen bringen lässt. Ihre Herkunft interessiert ihn kaum. Der Weinbauer in Burgund dagegen kennt jeden Quadratzentimeter seines Bodens und die Eigenschaften, die er dem Wein mitgibt. Er sucht das Terroir zu verstehen. Sein Wein entsteht im Weinberg.

Der Keller unseres Australiers steckt voll von Hightech, Edelstahl und Elektronik, die Trauben liest er maschinell. Technik fasziniert ihn, und er wendet sie an. Unser Winzer im Burgund dagegen steht den neuen Techniken eher skeptisch gegenüber, er übernimmt sie nur zögernd, weil er weiß, dass sein Wein dank der althergebrachten Verfahren und Strukturen die Qualität und Persönlichkeit entwickeln konnte, für die er berühmt ist.

Unser Australier ist wissenschaftlich hervorragend ausgebildet und stets auf dem neuesten Stand. Was heute an den Universitäten entwickelt wird, wendet er morgen schon an. Der burgundische Winzer hat sein Handwerk von seinem Vater gelernt, seine Richtschnur ist der oft jahrhundertealte Erfahrungsschatz.

Und schließlich sucht der Australier im Wein Fruchtfülle und Zugänglichkeit, dazu braucht er vollreife Trauben, deren ganze Geschmacksfülle er im Keller ausschöpft. Kommen dabei Tannin oder Säure zu kurz, setzt er sie einfach zu. Die Ziele unseres Franzosen sind ganz anders, er meidet Übertreibungen und sucht Charakter und Subtilität. Vollreifes Lesegut geht oft auf Kosten von Säure und Ausdruck, zu viel Frucht überdeckt das Terroir, und Primäraromen sind für ihn weniger edel als die vornehmen Töne der Reife.

So schroff wie eben geschildert standen sich Alte und Neue Welt nie gegenüber, beide Seiten haben zudem in den letzten Jahren enorm voneinander gelernt und aus dieser Begegnung unschätzbaren Gewinn gezogen. Man findet kaum mehr einen jungen Winzer in Europa, der nicht eine gewisse Zeit seiner Ausbildung in Übersee absolviert hat und umgekehrt.

Kalifornien

Kalifornien verdankt seine hervorragenden Weine einer klimatischen Besonderheit: Die beiden bedeutendsten Weinbaugebiete Napa und Sonoma Valley an der North Coast nördlich der San Francisco Bay sind durch eine doppelte Gebirgskette vom kühlen Pazifik getrennt und geschützt. Tagsüber heizt die Sonne diese Täler so sehr auf, dass die aufsteigende Luft unter sich einen Sog erzeugt, der kalte Luft von der Bay her direkt in die Weinbaugebiete strömen lässt. Damit kühlt sich die Temperatur schlagartig um mehrere Grade ab, und es entstehen die berühmten dichten und oft sehr dauerhaften Nebelschwaden. Dieses Spiel wiederholt sich im Sommer jeden Tag und schenkt den Trauben zum einen die Kraft der Sonnenstrahlung, aber auch – noch wichtiger – die notwendige Kühlung. Sie begünstigt ein langsames Reifen der Beeren und damit die Entwicklung delikater und intensiver Aromen.

Kalifornien ist ein Weingigant: Hier stehen mit 224 000 ha Rebfläche 96 % der Rebberge Nordamerikas. Deutschland erreicht mit 105 000 ha nicht einmal die Hälfte davon. Doch dieser Gigant steht gleich in mehrfacher Hinsicht vor einem Neuanfang. Die Reblauskrise, die die Weinberge in den 80er- und 90er-Jahren heimgesucht hat, ist überwunden, und die Winzer nutzten die Chance, bei der Neubestockung die Abstimmung zwischen Boden, Klima und Rebsorte neu zu überdenken. Der Weinbau hat damit einen qualitativen Quantensprung erlebt. Die Auswahl an Rebsorten wurde reicher, und das Terroirkonzept gewinnt an Bedeutung.

Neben den beiden Klassikern Chardonnay und Cabernet Sauvignon werden vermehrt auch Merlot und Pinot noir meist sortenrein ausgebaut. Außerdem natürlich die dunkelwürzige und traditionell amerikanische Rebsorte Zinfandel.

Zinfandel, die amerikanische Nationalrebe

Argentinien und Chile

Die Hauptanbaugebiete dieser beiden südamerikanischen Länder liegen sich etwa auf der gleichen geografischen Breite beiderseits des Andenkamms direkt gegenüber. Das hier schon recht heiße Klima wird in Chile (ähnlich wie in Kalifornien) durch den Einfluss des eiskalten Humboldtstroms gekühlt, in Argentinien durch die hohe Lage über dem Meeresspiegel. Die argentinischen Rebberge liegen durchschnittlich auf 1000 m, steigen aber auch bis auf 1500 m Höhe an. Das Klima ist trocken, die Böden bestehen aus von den Anden heruntergeschwemmtem Sand, Kies und Schotter. Wo nicht bewässert wird, herrscht Trockensteppe. Wasser ist jedoch in Hülle und Fülle vorhanden, der ewige Schnee der Anden ist seine unerschöpfliche Quelle, und die Kanäle verteilen es seit der Inkazeit auf die Felder. Das Hauptanbaugebiet und Zentrum des Qualitätsweinbaus liegt in Mendoza. Seit dem 16. Jahrhundert wachsen hier Reben, und jede Einwanderungswelle aus Europa hat neue

Rebsorten mitgebracht. Besonders eindrucksvolle Weine werden aus der Malbec-Rebe gekeltert, die ursprünglich im Bordelais zu Hause war, hier aber eine neue Heimat gefunden hat und inzwischen unangefochten den ersten Platz unter den roten Traubensorte des Landes innehat.

Der Schwerpunkt des chilenischen Weinbaus liegt im trockenen Zentraltal südlich der Hauptstadt Santiago und bei Curico. Die abgeschiedene Lage jenseits der Anden hat das Land bis heute vor der Reblaus geschützt, sodass die Reben hier noch weitgehend ungepfropft wachsen können. Die Wasser der schneereichen Anden bewässern auch hier die trockenen Weinberge, die Kühle des Pazifiks schützt die Pflanzen vor der Hitze. Erst seit den 80er-Jahren trat Chile auf dem internationalen Weinparkett in Erscheinung, hat sich aber in den letzten 20 Jahren mit hervorragendem Cabernet Sauvignon und immer mehr auch mit bemerkenswerten Weißweinen einen Namen geschaffen.

Südafrika

Während der Zeit der Apartheid waren die Exportmärkte dem südafrikanischen Wein verschlossen. Er fristete ein in alten Strukturen gefangenes, auf Massenproduktion ausgerichtetes Dasein. Nach 1994 öffnete sich der europäische und internationale Markt und ermöglichte es den Winzern, neue Weinberge anzulegen und moderne Techniken einzuführen. Der größte Schatz dieses Landes ist die Rebsorte Pinotage. Sie wurde 1925 als Kreuzung zwischen Pinot noir und Cinsault gezüchtet und erbringt ganz eigenwillige Weine mit einer wunderbar weichen Frucht, reichlich Tannin und einer an Holzkohle erinnernden Note. Stellenbosch ist das größte Anbaugebiet, von hier gehen auch die wichtigsten Impulse für die Neuorientierung aus.

Die Anden sind das Wasserreservoir
des argentinischen Weinbaus

Australien

Im kühlen Süden Australiens können Reben fast überall angepflanzt werden. Hier konzentrieren sich denn auch die wichtigsten Anbaugebiete: vom Hunter Valley ganz im Osten über die Vielzahl von Regionen in South Australia (Coonawara, Adelaide Valley, Barossa Valley, Eden Valley) bis Margaret River ganz im Osten. Weinbau ist für die pragmatisch denkenden Australier eine Art industrieller Landwirtschaft, in der Trauben verarbeitet werden, die oft gekühlt über weite Strecken in die Verarbeitungsanlagen transportiert werden. Das Terroir spielt kaum eine Rolle, dem Kellermeister geht es um die Fruchtigkeit der Traubensorte. In dieser Hinsicht sind die Australier nur schwer zu schlagen. Kommt dann noch ein gehöriger Schuss Eichenholzwürze hinzu, so ist der Erfolg auf den internationalen Märkten gesichert. Dieses etwas überzeichnete Bild gehört aber immer mehr der Vergangenheit an. Denn auch in Australien wollen die Weinproduzenten ihren Weinen zunehmend Subtilität und Eleganz verleihen. Zudem entwickelt sich so etwas wie eine Vorstufe zum Terroirgedanken, »regionality« genannt, und erste Vorarbeiten für ein Appellationssystem sind im Gang.

Die wichtigste rote Rebsorte ist zweifellos Shiraz, den die Australier zu einem ganz eigenständigen, unverwechselbaren Stil entwickelt haben. Daneben glänzen natürlich auch die Sterne Cabernet Sauvignon bei den Roten und Chardonnay bei den Weißen. Interessant sind ferner die Weißweine aus der Sorte Semillon.

Neuseeland

1960 waren hier nur 400 ha mit Reben bepflanzt, im Jahr 2000 waren es schon 12 000, und das Land ist weiterhin in einer stürmischen Entwicklung begriffen. Neuseeland ist ein Weißweinland. Zwar ist die Produktion noch klein und etwas unübersichtlich über beide Inseln verteilt, aber die Weinbauern haben einen ganz eigenen Stil entwickelt, in dem sich die typische Fruchtigkeit der Neuen Welt mit einer fast europäischen Frische verbindet. Das flächenmäßig

In Marlborough wächst der berühmteste Sauvignon blanc Neuseelands

größte und qualitativ bedeutendste Gebiet ist Marlborough, das im Norden der Südinsel liegt. Hier sind die Tage lang und die Sommer trocken. Marlborough liegt zudem direkt am Meer, an der Cloudy Bay, von der nachts eine kühle Meeresbrise über die Weinberge streicht und den Trauben eine lange Reifezeit gönnt, in der sie sich optimal entwickeln können, ohne die Frische der Säure zu verlieren. Weltweiten Ruhm haben sich die Sauvignon-blanc-Weine erworben. Sie sind nicht einfach Kopien der Weine von der Loire, sondern besitzen dank ihres intensiven Aromas und ihrer pikanten Schärfe ein klares eigenes Profil.

Edles Duett:
Parmigiano-Reggiano und Wein

Ein Stück zartschmelzender Käse, der die Geschmacksnerven nach dem Essen noch einmal herausfordert und alle Sinne wieder wach macht, dazu ein feiner Wein – kann ein gelungenes Mahl schöner enden? Die Kombination von Käse und Wein ist zu Recht die Königsdisziplin der Sommeliers. Findet man ein Paar, das zusammenpasst, explodiert am Gaumen ein wahres Geschmacksfeuerwerk. Eine schlechte Wahl dagegen ist wie eine schlechte Ehe: Man reibt sich aneinander und beide Partner können sich nicht ihren Anlagen gemäß entfalten.

Zum Glück gibt es einige Richtlinien, an denen man sich beim Zusammenstellen von Käse und Wein orientieren kann:

1. Wichtig ist, dass Käse und Wein sich in Struktur und Gehalt ähneln. Leichte, filigrane Weine werden von geschmacksintensiven Käsesorten schnell erschlagen. Milde Käse können sich nicht durchsetzen, wenn dazu schwere Weine gereicht werden.

2. Dominieren beim Käse salzige Geschmacksnoten mit kräftiger Würze, passen vor allem edelsüße Weine. In besonderen Fällen kann auch die alte Regel »gleich und gleich gesellt sich gern« gelten. Dann schmecken auch Weine mit einer kräftigen Säure wunderbar. Die Kombination mit leichten Weinen funktioniert dagegen auf keinen Fall: Sie verblassen neben so einem Partner zur Farblosigkeit.

3. Säuerliche Käsesorten verlangen halbtrockene oder edelsüße Weine. Der harmonische Geschmackseindruck ergibt sich aus dem reizvollen Kontrast von süß und sauer. Weine mit hohem Tanningehalt dagegen verstärken den säuerlichen Geschmackseindruck lediglich.

4. Käse und Wein passen gut zusammen, wenn Geschmack und Aromen sich ergänzen. Fruchtige Käse schmecken daher wunderbar zu fruchtigen Weinen.

5. Ein guter Tipp besteht darin, Weine und Käse aus derselben Gegend miteinander zu kombinieren. Denn in der Regel kann man dem »kollektiven Geschmack der Region« blind vertrauen – die Geschmackseindrücke ergänzen sich meist sehr gut.

Am besten lässt sich das eigene Geschmacksvermögen natürlich durch Üben und Ausprobieren schulen.

Eine Käse-Wein-Degustation bietet dazu eine ideale Möglichkeit. Besonders gut geeignet ist zu diesem Zweck Parmigiano-Reggiano in unterschiedlichen Reifegraden. Die genannten Richtlinien zur Kombination von Käse und Wein lassen sich an ihm wunderbar nachvollziehen.

Insgesamt werden bei Parmigiano-Reggiano vier Reifestufen unterschieden. Parmigiano-Reggiano »mezzano« reift nur 12 Monate, bevor er auf den Markt kommt. Er sollte nicht mehr länger gelagert werden, sondern ist zum sofortigen Genuss bestimmt. Sein frischer, leicht säuerlicher Geschmack passt gut zu einem nachmittäglichen Imbiss mit einem Glas Franciacorta. Die leicht süßen Aromen von Holunderblüten und Birnen schaffen hier einen wunderbaren Kontrast zur säuerlichen Note.

Parmigiano mit mindestens 18 Monaten Reifezeit wird mit einem roten Siegel gekennzeichnet. Er eignet sich perfekt als Amuse-Gueule – vor allem in Kombination mit einem spritzigen Weißwein, etwa einem Pinot Grigio. Fruchtige Aromen und ein Hauch von Süße harmonieren perfekt mit der feinkörnigen Textur des Käses und dem Duft von Milch und frischen Früchten.

Parmigiano, der 22 bis 24 Monate gereift ist, erkennt man am silbernen Siegel. Er kann es mit seinen Aromen von geschmolzener Butter und reifen Früchten durchaus mit gehaltvolleren Weinen aufnehmen. Denkbare Partner wären Chardonnay, ein Lagrein oder Sangiovese di Romagna und vielleicht sogar ein Amarone. Nach einer Reifezeit von mehr als 30 Monaten entsteht dann ein Käse, der hinsichtlich Intensität und Aromenvielfalt auch mit echten Schwergewichten mithalten kann. Dieser Parmigiano hat ein goldenes Siegel und einen ausgeprägten Geschmack mit Noten von Gewürzen und Trockenfrüchten. Diese opulenten Käse passen problemlos zu schweren Rotweinen wie Barbaresco und Barolo, aber auch Versuche mit Dessertweinen, etwa mit einem Passito, können lohnend sein.

Natürlich kommt es sowohl beim Wein als auch beim Käse immer auf die Qualität an.

Denn ebenso wie Soave nicht gleich Soave ist, ist Parmesan nicht gleich Parmesan. Echt ist nur Parmigiano-Reggiano. Der italienische Hartkäse mit der geschützten Ursprungsbezeichnung (DOP – Denominazione di Origine Protetta) wird heute ebenso wie vor 800 Jahren überwiegend in Handarbeit hergestellt. Nur rund 500 familiengeführte Betriebe in der Region um Parma, Reggio Emilia und Modena haben sich seiner Produktion verschrieben. Sie verbinden Milch, Salz und Lab zu einem einzigartigen Geschmackserlebnis. Die Hauptarbeit leistet dabei allerdings die Zeit. Spitzenqualitäten reifen bis zu 36 Monate und länger, einfachere Käse bleiben immerhin ein Jahr liegen. Parmigiano-Reggiano, also der einzig echte Parmesan, ist leicht zu erkennen: Jeder Laib, der die strengen Qualitätskontrollen durchlaufen hat, wird mit einem Brandsiegel markiert. Der in Punkte gesetzte Schriftzug »Parmigiano-Reggiano«, der die großen Laibe wie eine Banderole umhüllt, und das ovale Siegel »Parmigiano-Reggiano Consorzio di Tutela« garantieren Authentizität und großen Genuss.

glossar

a

Abgang
Geschmackseindruck nach dem Schlucken. Dauer und Intensität des Abgangs sind ein zuverlässiger Hinweis auf die Qualität eines Weins.

Abstechen
Umfüllen des Weins von einem Fass in ein anderes, um ihn vom Bodensatz zu trennen.

Adstringierend
Zusammenziehend. Ein durch Gerbstoffe (Tannine und Säure) hervorgerufener, trockener Geschmackseindruck im Mund. Besonders bei jungen Rotweinen.

Alkohol
Die meisten Weine enthalten zwischen 10 und 14 Vol.-% Alkohol. Bei verstärkten Weinen bis 22 Vol.-%. Hefepilze verwandeln den Fruchtzucker während der Gärung in Alkohol. Er löst die Aromastoffe aus den Beeren und konserviert den Wein.

Anreichern
Zugabe von Zucker zum Most vor der Gärung, um den Alkoholgehalt zu erhöhen. Auch Chaptalisieren genannt.

Apfelsäure
Säure von unreifen Trauben. Kann in schlechten Jahren hart und unangenehm sein, gibt dem Weißwein aber oft auch willkommene Frische. Im Rotwein unerwünscht.

Assemblage
Mischung verschiedener Weine aus derselben Region.

Ausbau
Alle kellertechnischen Maßnahmen zwischen Vergärung und Abfüllung. Insbesondere auch die Reifung im Fass und im Tank.

Ausgewogen
Der Wein ist ausgewogen, wenn zwischen den wichtigsten Komponenten (Säure, Süße, Alkohol, Frucht, Tannin usw.) ein harmonisches Gleichgewicht besteht.

Autochthone Rebsorten
Rebsorten, die nur in einem eng begrenzten Gebiet vorkommen.

b

Barrique
Kleines Eichenfass von 225 Litern Volumen. Sein Ursprung liegt im Bordelais, heute wird es auf der ganzen Welt für hochwertige moderne Weine verwendet. Neue Barriques schenken dem Wein vielfältige Aromen (Röst-, Vanilletöne).

Botrytis cinerea (Edelfäule)
Besonders bei Süßweinen erwünschter Schimmelpilz, der den voll ausgereiften Trauben Wasser entzieht und Zucker, Säure und Aromastoffe konzentriert.

Bukett, Bouquet
Bei jungen Weinen spricht man von Duft und Aroma, um die Gesamtheit der Geruchseindrücke zu beschreiben, bei reifen Weinen eher von Bukett.

c

Chaptalisieren
Siehe Anreichern

Charakter
Wein mit einem individuellen, eigenständigen Profil.

Cru
Herausragende Weinberglage mit eigenem Charakter.

Cuvée
Beim Champagner: Assemblage der verschiedenen Grundweine. Sonst auch Bezeichnung für eine bestimmte Abfüllung oder Mischung von Weinen (s. Verschnitt).

d

Dekantieren
Umgießen des Weins aus der Flasche in eine Karaffe.

Depot
Ablagerung in der Flasche, besonders bei hochwertigen Rotweinen nach längerer Lagerung.

e

Edelfäule
Siehe Botrytis cinerea.

Entrappen
Meist maschinelle Trennung der Beeren von den Stielen vor der Vergärung.

Ertrag
Bezeichnet die in einem Weinberg pro Jahr erzeugte Menge an Wein in Hektolitern pro Hektar (hl/ha). Mit steigendem Ertrag sinkt die Qualität und umgekehrt.

Erzeugerabfüllung
Der Wein wurde vom Produzenten aus eigenen Trauben gekeltert und selbst abgefüllt (frz. »Mise en bouteille à la propriété« oder »au château«, it. »Imbottigliato all'origine«, engl. »Estate bottled«).

Extrakt
Die im Wein gelösten Inhaltsstoffe bleiben als Rückstand nach dem Verdampfen von Wasser und Alkohol zurück. Dazu gehören Zucker, Säuren, Glycerin, Mineralien usw.

f

Finesse
Zur Bezeichnung eines feinen, vornehmen und eleganten Charakters.

g

Gerbstoffe
Siehe Tannine.

Glyzerin
Hochwertiger Alkohol, der bei der Gärung entsteht. Er schmeckt süß und gibt den Weinen eine ölige und geschmeidige Fülle.

h

Halbtrocken
In der EU geregelte Bezeichnung für Weine bis 18 Gramm Restzucker pro Liter.

Hektar (ha)
10 000 Quadratmeter

Hektoliter (hl)
100 Liter

k/l

Kirchenfenster
Die nach dem Schwenken am Glas herablaufenden wasserklaren »Tränen«. Sie deuten auf viel Extrakt, besonders auf Alkohol und Glycerin hin.

KMW (Klosterneuburger Mostwaage)
Siehe Mostgewicht.

Kohlensäure
Bei der Gärung entsteht das Gas Kohlendioxid, das in der Regel entweicht. In Schaum- und Perlweinen wird es aber unter Druck im Wein als Kohlensäure gelöst. Bei jungen Weißweinen ist ein kleiner Anteil ebenfalls erwünscht, bei Rotweinen hingegen eher ein Hinweis auf eine fehlerhafte Nachgärung in der Flasche.

Komplex

Ein Wein, der reich ist an verschiedenen Nuancen in Duft und Geschmack.

Klon

Jede Rebsorte verändert sich dauernd durch kleine (natürliche oder züchterische) Mutationen, man nennt sie Klone. Mit der Klonselektion versucht man, die Klone mit den besten Eigenschaften für die weitere Vermehrung auszuwählen.

Körper

Die Extraktstoffe und der Alkohol verleihen dem Wein Gewicht und Geschmack. Man nennt diesen Eindruck Körper. Er kann mager, kräftig, mächtig, aber auch plump sein.

Lieblich

Umgangssprachlich: süßer als halbtrocken und säurearm.

m

Maische

Mus von zerquetschten Trauben mit Saft, Schalen und Kernen.

Milchsäure

Milde Säure in Rot- und vielen Weißweinen. Sie entsteht aus der Apfelsäure (s. d.) durch die zweite oder malolaktische Gärung, einen bakteriellen Prozess.

Most

Traubensaft nach der Pressung (ohne Häute und Kerne), noch unvergoren oder schon in Gärung.

Mostgewicht

Gehalt des Mosts an natürlichem Zucker. Wird in Deutschland und in der Schweiz in Oechsle-Graden gemessen, in Österreich in KMW (Klosterneuburger Mostwaage). Ein KMW entspricht etwa fünf Oechsle.

o/p

Oechsle

Maßeinheit für das Mostgewicht, woraus man auf den Zuckergehalt der Trauben schließen kann.

Önologie

Lehre vom Wein.

Oxidation

Veränderung des Weins durch die Wirkung von Sauerstoff. Ein oxidierter Wein ist durch übermäßigen Luftkontakt flach, schal und braun geworden. Bei einigen Süßweinen ist Oxidation ein notwendiges Geschmackselement.

Passito

Wein aus getrockneten Trauben

r

Rassig

Frische kräftige Säure.

Reinsortig

Wein, der aus einer einzigen Rebsorte gekeltert wurde.

Restsüße (Restzucker)

Zuckergehalt im fertigen Wein, der durch die Gärung nicht in Alkohol umgewandelt oder als Süßreserve (s. d.) beigefügt wurde.

Ried, Riede

Bezeichnung für eine Einzellage in Österreich.

s

Schönen

Die feinen Schwebstoffe im Wein können durch Einbringen einer gerinnenden Substanz ins Fass (meist Eiweiß) nach unten »abgefiltert« werden.

Schwund

Sowohl im Fass wie später in der Flasche entweicht durch natürliche Verdunstung immer etwas Flüssigkeit. Im Fass ist der Schwund abhängig von der Fassgröße und der Dicke der Fassdauben. Er muss besonders bei jungen Weinen kontinuierlich ausgeglichen werden.

Sortenrein

Wein aus nur einer Rebsorte.

Spriten

Einen Wein mit Alkohol anreichern (Port, Sherry).

Spritzig

Junger, angenehmer Wein mit Restkohlensäure.

Stillwein

Wein ohne wesentlichen Anteil an Kohlensäure. Gegensatz: Schaumwein, Perlwein.

Struktur

Innere Architektur des Weins. Sie baut sich vor allem aus den Elementen Extrakt, Tannin und Alkohol auf. Das Wort wird aber auch zur Bezeichnung des taktilen Eindrucks verwendet, den der Wein im Mund hervorruft.

Süßreserve

Unvergorener (süßer) Most, der dem fertig vergorenen Wein zugefügt wird.

t

Tannine

Tannine (Gerbstoffe) sind Substanzen, die entweder aus der Traube (Schalen, Kernen, Stielen) selbst oder aus dem Holz des Fasses stammen. Sie bewirken im Mund ein adstringierendes (s. d.) Gefühl. Bei reifen Rotweinen tragen sie wesentlich zur Struktur (s. d.) des Weins bei. Sie konservieren den Wein und sind daher für eine längere Lagerung unerlässlich.

Terroir

Die Gesamtheit der Faktoren, die an einem bestimmten Ort auf den Wein einwirken, nennt man Terroir. Es umfasst Boden, Lage und Klima genauso wie den menschlichen Faktor Tradition. Das Zusammenwirken all dieser Elemente schenkt dem Wein seinen einmaligen, unverwechselbaren Charakter. Man spricht dann auch von Terroirweinen.

Trester

Ausgepresste Schalen, Kerne (und Stiele) der Trauben.

Trocken

Wenig Restzucker. Das Gegenteil ist »lieblich«.

Typizität

Weine, die in ihrer Aromatik oder ihrem Geschmack eine bestimmte Sorte oder ein Terroir deutlich erkennen lassen.

V

Verschlossen

Weine, die ihre Qualität (noch) nicht zeigen, weil sie zu jung sind, sich in einer Entwicklungsphase befinden oder gerade erst transportiert wurden.

Verschnitt (frz. Cuvée)

Mischung von Weinen aus verschiedenen Traubensorten, Lagen, Regionen oder Jahrgängen.

W

Weinstein

Ablagerung von Weinsäurekristallen am Korken oder in der Flasche von Weißweinen. Weinstein ist kein Fehler.

Wurzelecht

Ungepfropfter Rebstock. Man nennt diese Reben auch Direktträger.

register

Bezugsquellen

Wir wollen Ihnen in diesem Buch 52 verschiedene Weine etwas näher bringen. Und wir möchten vor allem, dass Sie diese Weine auch probieren. Das heißt, Sie müssen einkaufen gehen. Damit das aber nicht zu einer frustrierenden Suchaktion ausartet, haben wir uns grundsätzlich auf Weine konzentriert, die in den größeren Weinhandlungen und in den großen Kaufhausketten gut zu finden sind. Aber natürlich ist kaum eine Weinhandlung so umfassend sortiert, dass sie gleich alle diese 52 Weine in ihrem Angebot gelistet hat. Trotzdem sollten Sie relativ schnell fündig werden. Nur bei einigen wenigen Weinen, einem Chasselas aus der Schweiz etwa, könnten Sie vielleicht die Waffen strecken müssen, bei solchen Weinen haben wir Ihnen jeweils Alternativen angegeben.

Dankeschön!

Ein besonderes Dankeschön geht an die Zwiesel Kristallglas AG, www.zwiesel-kristallglas.com, für die Unterstützung dieses Buchprojekts und die zur Verfügung gestellten Gläser aus der Reihe viña.

Dank auch an Winzerwerk München, www.winzerwerk.de, für die zur Verfügung gestellten Weine sowie an die Genussreich GmbH für die Aromabar, www.aromabar.de.

Impressum

Dr. Beat Koelliker war Schuldirektor in Italien, bevor er in den 1990er-Jahren als Verlagsleiter den HALLWAG Verlag zum renommiertesten Weinbuchverlag in Europa aufbaute. Heute ist er für HALLWAG als freier Berater und Autor tätig. Neben seinen erfolgreichen Büchern für Weineinsteiger veröffentlichte der passionierte Wanderer mehrere Titel über Weinwanderungen.

© 2008 GRÄFE UND UNZER VERLAG GmbH, Grillparzerstr. 12, 81675 München Alle Rechte vorbehalten.

Alle Angaben in diesem HALLWAG-Weinbuch sind gewissenhaft geprüft. Für eventuelle Fehler übernimmt der Verlag keine Haftung.

Verlagsleitung: Dorothee Seeliger
Projektleitung und Redaktion:
Marc Strittmatter
Redaktionsassistenz: Astrid Mathé
Lektorat: Cornelia Schinharl, Seefeld Hechendorf
Korrektorat: Renate Haen, München
Layout- und Umschlaggestaltung:
independent Medien-Design, Janine Polte, München
Herstellung: Markus Plötz
Satz: Christopher Hammond
Reproduktion: Repro Ludwig, Zell am See
Druck: Firmengruppe APPL, aprinta druck, Wemding
Bindung: Consella, Pfarrkirchen

Karten: © MERIAN-Kartographie, iPUBLISH GmbH, München
Illustrationen: Kristina Düllmann Kommunikationsdesign, Hamburg

Bildnachweis:

Alle Fotografien: Alexander Walter, Baiern/ Weidach;
Außer: Hans Döring, München, Umschlag; Grand Tour/Corbis S. 52 oben; mauritius images / CuboImages S. 111 oben, 117; mauritius images / imagebroker S. 122; StockFood, Alber Fritz S. 84, 89, 90, 95; StockFood, Armin Faber S. 119, 129, 155; StockFood, Carl Pendle S. 99 links; StockFood, Cephas, Judd S. 132; StockFood, Cephas, Mick Rock S. 58, 148, 153; StockFood, Cephas, Muschenetz S. 154; StockFood, Hans-Peter Siffert S. 75 oben, 92 oben, 107 oben, 133, 134, 142; StockFood, Hendrik Holler S. 63 oben, 88 oben, 123, 138, 147, 156, 157, StockFood, Jörg Lehmann S. 124, 126, 128, 130, 131; StockFood, Steve Morris S. 46 oben, 128, 127; StockFood, Tracey Kusiewicz S. 125;

Models:
Anina Baumgartner, Anna Colak, Thomas Jutzler, Franz Steiner

HALLWAG ist ein Unternehmen der GRÄFE UND UNZER VERLAG GmbH, München, GANSKE VERLAGSGRUPPE.

leser-service@graefe-und-unzer.de
www.hallwag.de

ISBN 978-3-8338-1221-7

2. Auflage 2011

GRÄFE UND UNZER

Ein Unternehmen der
GANSKE VERLAGSGRUPPE

12 Verkostungsrunden
nach Regionen und Ländern

Frankreich

Bordeaux
Entre-Deux-Mers S. 50

St-Emilion Grand Cru S. 77

**Haut-Médoc
Crus Bourgeois S. 87**

Sauternes S. 41

Frankreich

Südfrankreich
Viognier S. 62

Marsanne Roussanne S. 64

Bandol Rosé S. 80

Châteauneuf-
du-Pape S. 92

Frankreich

Burgund und Nordfrankreich

Champagner Brut S. 38

Muscat Sec S. 71

Gewürztraminer S. 47

Beaujolais-Villages S. 81

Nuit-St-Georges S. 98

Deutschland

Gutedel S. 52

Weißburgunder S. 44

Grauburgunder S. 57

Silvaner S. 56

Lemberger S. 82

Spätburgunder S. 86

Spanien und Portugal

Cava S. 105

Sherry Fino S. 110

Vinho Verde S. 53

Rueda S. 70

Rioja blanco S. 65

Rioja Reserva S. 99

Late Bottled
Vintage Port S. 113

Riesling-Special

Winzersekt Riesling S. 106

Riesling Kabinett lieblich S. 69

Riesling
Spätlese trocken S. 39